PLAN
B

플랜 B

평생 굴러가는 기적의 3+3 수레바퀴!

PLAN

플랜B

우용표 지음

B

닥쳐올 은퇴 이후 당신은 무엇을 할 것인가?

트러스트북스

PLAN A일 수 없다면
PLAN B를 준비하라

우리는 살면서 가장 좋은 것을 선택하려고 노력한다. 경제학에서는 이를 '합리적 선택'이라고도 한다. 주어진 상황에서 최선을 선택하는 것은 인간의 당연한 심리다.

이 책의 제목을 'PLAN B'라고 정하기까지 많이 고민했다. 은퇴를 대비할 때 이왕이면 최고의 선택인 'PLAN A'라 하면 좋지 않을까 싶기도 했다.

결론부터 말하자면 최고의 은퇴는 은퇴하지 않는 것이다. 누군가가 지정해 놓은 정년 없이 일하고 싶을 때까지 자유롭게 근무하면 가장 좋다. 무엇이든 등 떠밀려 하면 지겹지 않은가. 아무리 좋고 재밌는 일이라도 말이다.

변호사, 세무사, 의사 같은 전문직이 좋은 이유는 건강이 나빠졌거나 일이 지겨워져서 본인의 의지로 그만두는 경우를 제외하면 타의로 인한 은퇴가 없기 때문이다. 한 번 해병은 영원한 해병, 한 번 의사는 영원한 의사. 한번 따놓은 자격증은 죽을 때까지 유효하다. 지금 이 책을 읽는 당신이 전문직이라서 은퇴 자체를 하지 않아도 되거나 금수저 집안이라서 본인뿐 아니라 자식들까지 모두 돈 걱정 없이 살 수 있다면 은퇴 PLAN 자체가 필요 없다. 그런 경우에는 집안에 쌓인 재산을 어떻게 합법적인 범위 내에서 세금을 줄여서 물려주느냐의 문제를 절세 PLAN을 통해 해결해야 할 것이다.

최고의 계획인 PLAN A는 은퇴하지 않는 것이다. PLAN B는 타의에 의해 강제로 직장을 그만두어야 하거나 다른 일을 찾아봐야 하는 대한민국의 평범한 직장인들을 위한 실질적 계획이다.

최선이지만 요행은 없다

학창시절의 기억을 되살려보자. 내가 공부를 열심히 했는지 그렇지 않았는지를 냉정하게 평가하는 것은 '시험'이다. 공부를 열심히 했다면 시험 점수가 잘 나오고 공부 대신 놀기를 선택했다면 결과는 그리 좋지 못할 것이다. 물론 공부를 열심히 안 한 것 같은데도 시험을 잘

치르는 경우가 있기는 하다. 머리가 좋아서 놀 거 다 놀고 쉴 거 다 쉬어도 시험은 기막히게 잘 보는 우등생이 있다. 필자 역시 그런 친구들을 보며 절망하던 시절이 있었다. 심지어 대학교도 나보다 좋은 곳에 진학했다.

재테크도 비슷하다. 투자하고 관리한 만큼 내 통장에 성적표가 찍혀 나온다. 소비하고 싶은 욕구를 참고 꾸준히 노후를 대비했다면 은퇴 시기의 통장은 그만큼 넉넉할 테다. 입고 싶고 먹고 싶고 가고 싶은 것들에 아낌없이 소비했다면 좋은 기억들은 많이 남겠지만 은퇴 통장은 초라할 것이다. 부러운 우등생처럼, 어떤 사람은 우연히 투자했다가 대박이 나기도 하고 작은 가게로 시작했다가 프랜차이즈 대표가 되기도 한다. 그런 경우는 분명히 있다. 인정할 수밖에 없다. 누군가는 노력에 비해 과하게 성공하고 큰돈을 번다. 운이 좋은 경우다.

당신 역시 운이 따라주어 투자 성과가 생각보다 좋을 수도 있고, 우연히 큰 성공을 거둘 수도 있다. 인생은 아무도 모른다. 어느 구름에서 비가 올지, 누가 나의 귀인이 될지 알 수 없다. 다만 그처럼 드문 경우가 아니라면 대부분 투자의 결과는 투자의 노력과 비슷하게 흘러간다는 사실을 유념해야 한다.

꾸준히 노후를 준비한 사람의 통장은 (특이한 일이 없는 한) 넉넉하다. 여기서 특이한 일이란 사기를 당하거나 도박에 빠지는 등 있어서는 안 되는 일을 당한 경우를 말한다. 재테크에 요행은 없다. 국민연금은 나라에서 치밀하게 계산한 금액만 받을 수 있고 퇴직금/퇴직연금은 원금에서 조금 수익이 붙는 정도만 받을 수 있을 뿐이다. 주식이나 부동산으로 요행을 바랄 수도 있지만, 그 역시 흔한 일은 아니다. 주식의 변동성에 여생을 걸기는 부담스럽다. 부동산? 잘되면 좋지만 잘못되면 깡통주택처럼 매매가격이 전세가격보다 낮을 수도 있고 상가 공실 때문에 손해만 볼 수도 있다. 어느 영역 하나 나에게 안전한 '대박'을 안겨주지는 않는다.

냉정하게 준비하자. 대박은 없다. 혹여 누군가 투자를 권유하며 '대박'을 입에 담는다면 그 사람은 사기꾼일 가능성이 크다. 요행은 없다는 사실을 감안한다면 은퇴 계획 PLAN B는 당신의 노후를 떠받쳐줄 기둥을 지금부터 하나씩 세워나가는 과정이라 보면 된다. 다행히도 PLAN B는 무리한 요구를 하지 않는다. 무언가 어렵고 새로운 상품에 투자해야 하는 것이 아니라는 뜻이다. 이미 잘 알고 있는 것들을 좀 더 효율적으로 활용할 수 있게 하는 것이 PLAN B의 핵심이다. 핵심은 꾸준함이고 말이다.

부디 이 책의 내용을 참고해서 당신의 은퇴 생활이 돈 걱정으로 한숨 쉬는 나날이 아닌, 매일 새로운 인생의 즐거움을 발견하는 기회가 되기를 바란다.

Contents

1장. PLAN B, 최선의 선택

2장. 기본 통장 1·근로소득 통장

3장. 기본 통장 2·국민연금 통장

4장. 기본 통장 3·퇴직연금 통장

5장. 신규 통장 1·민영연금 통장

6장. 신규 통장 2·주식/펀드 통장

PLAN
B

1장

PLAN B, 최선의 선택

1

코로나가
알려준 진실

처음 이 책의 초안을 탈고한 시기는 2020년 1월 말이었다. 코로나19
가 우리의 삶을 할퀴기 직전이다. 초안을 검토하고 교정을 보는 과정
에서 '코로나19'가 우리에게 알려준 진실을 함께 나누면 좋겠다고 생
각했다. 이 무시무시한 질병은 개인의 삶은 물론 전 세계 인류의 삶을
파괴했다. 마스크 업체나 일부 제약 및 IT 회사는 이 불행을 영양분 삼
아 성장하기는 했지만 이는 극히 일부의 사례일 뿐, 대부분의 삶은 말
그대로 무너져 내린 것이다.

혹시 코로나19가 발병하지 않았다면 우리의 삶은 어땠을까? 다들
투자 잘해서 부자 되고 대박 나서 노후 걱정 없이 모두 마음 편히 살

수 있었을까? 그렇지는 않을 것이다. 코로나가 없었더라도 우리는 매일 새로운 걱정거리를 맞이하고 나이 들어감에 따라 노후에 대한 불안도 커져갔을 것이다. 우리의 삶은 사실 이미 파괴되고 있었다. 코로나는 그 불행의 속도를 더 빠르게 만들었을 뿐이다. 코로나가 우리에게 알려준 진실, 여기에 더해 코로나19 이후 재테크의 방향을 어떻게 잡으면 좋을지 함께 생각해보자.

코로나 이전에도 상황은 안 좋았다

2019년 말까지 모든 사람이 행복하게 잘살고 있었는데 갑자기 코로나라는 호환, 마마보다 무서운 질병이 찾아온 것은 아니다. 코로나 이전에도 노후는 걱정의 대상이었고 재테크는 생각보다 성과가 좋지 않았다. 청년들은 높은 실업률로 고통받고 있었고, 중장년은 보장되지 않은 노후를 두려워했다. 냉정하게 말하면 코로나 이전에도 상황은 안 좋았고, 코로나는 이 안 좋은 상황을 더 나쁘게 만들어버렸다. 이 와중에도 남들은 어떻게 그렇게 돈을 잘 모아 놓았는지, 2020년 7월 주식 공개한 SK바이오팜의 경우 청약증거금(주식물량을 배정받기 위해 증권사에 예치하는 금액)만 31조원이 몰렸다. 4424세대의 은마아파트가 모조리 30억원으로 오른다고 가정했을 때 아파트 전체를 합치면 13조

3천억원 정도다. 그 은마아파트 전체를 2번 사고도 5조원이 남는 액수다. 이만한 금액이 SK바이오팜을 사겠다고 모인 것이다. 더 놀라운 것은 2020년 3월 기준으로 시중 부동자금이 1100조원을 넘었다는 점이다. 부동자금이란 한 마디로 '투자를 위한 총알'이라 할 수 있는데 이 총알이 1100조원이란다. 우리 각자의 통장에는 1100조원은 고사하고 1100만원 잔액 보기도 힘든데 다들 어디서 그렇게 돈이 나는지 궁금할 따름이다. 지금 개인의 자금 사정이 어렵다고 남들도 어려우리라 생각하면 오산이다. 나를 제외한 남들은 1100조원을 가지고 돈 될 만한 투자처를 기다리고 있다. 불행한 진실 하나, 코로나19는 남이 아닌 내 상황만 안 좋게 만들었다.

새로운 기회가 온다

한 번은 우연이지만 두 번째부터는 패턴이다. 돌이켜보면 2000년, 2010년, 2020년, 이렇게 10년마다 우리나라 경제는 각기 다른 이유에서 어려움을 겪었다. 1998년의 IMF, 2008년의 미국발 금융위기, 2020년의 코로나. 이 경제위기 때마다 서민들은 더욱 불행해졌고, 기회를 잘 노렸던 사람들은 새로운 투자기회를 찾을 수 있었다. 서울 강남구 도곡동의 타워팰리스는 IMF로 인해 미분양에 정부에서 양도소득세 비과세혜택까지 주면서 분양했다. 서울 반포의 반포자이, 반포래미안은 금융위기 직후 분양하면서 미달 사태가 나기도 했다. 지금 관점에서 보면 그 좋은 곳이 왜 미분양이었을까 의아하지만, 당시 상황을 살펴보면 집을 사는 것은 매우 바보 같은 투자였다. 현금을 쌓아놓아야 하는 상황이었기 때문이다. 대부분의 사람들이 언제 어떻게 될지 모르는 상황에서 집을 사는 것은 멍청이들이나 하는 짓이라고 생각했을 것이다.

현재 상황을 보자. 코로나19가 언제 끝날지 모르니 현찰 쥐고 있으면서 버텨야겠다고 생각한다면 관점을 조금만 바꿔보자. 10년마다 큰 투자기회가 온다. 2000년에 어딘가의 아파트를 샀다면? 2010년에 아파트를 샀다면 어땠을까? 답은 이미 알고 있을 것이다. 2020년에 부동산에 투자한다면 10년 후에는 어떨까? 지금 상황을 봤을 때 부동산 투자는 위험하다고 생각할 수 있다. 다주택자들은 취득세, 보유세, 양도소득세 등 집을 살 때부터 팔고 나서까지의 모든 과정에서 세금 부담이 늘고 있다. 이러한 정책은 2020년뿐 아니라 적어도 2025년까지 이어질 것이다. 공급확대가 아닌 수요억제를 통해 집값을 잡으려면 세금 부담을 늘리는 것이 가장 효과적이기 때문이다. 그러나 새로운 투자기회가 왔다는 사실을 기억하자. 주식, 펀드도 그렇고 부동산도 마찬가지다. 뭐가 되었든 하나 사두시라는 뜻이다.

'위기가 기회'라는 흔한 말을 하려는 것이 아니다. 매번 경제위기는 새로운 투자기회를 제공했다는 사실을 강조하고 싶다. 뭐라도 하나 해야 한다. 주식, 펀드, 부동산, 종류를 가릴 것 없이 현재 형편 닿는 범위에서, 아니 조금은 무리하더라도 각자 투자상품을 장만하기 바란다. 매번 약속한 시간에 정확하게 통장에 돈을 넣어준다는 것이 유일한 장점인 국민연금만 믿고 있기에는, 나라에서 검토 중인 기본소득만 믿고 있기에는 우리는 그간 너무 열심히 살아왔지 않았나. 치열했던 삶의 마무리는 적어도 지금보다 만족스러워야 한다. PLAN B는 적어도 지금보다 나은 미래의 당신을 위한 가이드라인이 되어줄 것이다.

2

코로나19 대비 재테크와
노후대비 방향

코로나19가 새로운 기회를 제공한다는 점, 무엇이든 자산을 사두어야 한다는 점은 앞서 언급했다. 코로나 이후를 대비한 재테크와 노후대비 PLAN B의 올바른 방향을 살펴보자.

화폐가치 하락

코로나19 시기에는 화폐가치가 하락할 수밖에 없다. 돈을 무제한에 가깝게 뿌려대기 때문이다. 돈이 흔해지는 만큼 그 가치는 낮아진다.

간단하게 수요-공급의 원리를 생각하면 된다. 어떤 물건의 수요가 일정한데 공급이 많아진다면 그 가격은 내려간다. 화폐도 물건이라 생각하면 이해가 쉽다.

우선 정부의 추가 예산을 보면 2020년에 1, 2차 추경예산 24조원에 3차 추경예산 35조원을 합쳐 총 59조원이 공급된다. 이에 따라 대한민국은 2020년 말 기준으로 재정적자가 100조원을 넘을 것으로 예상된다. 2020년에만 100조원이라는 큰 금액이 코로나19로 인해 우리나라에 뿌려진다. 이뿐만이 아니다. 3기 신도시를 짓기 위한 수도권 토지보상금이 40조원, 각 지자체들의 공원토지보상금 부담은 50조원에 이른다. 총 200조원 가까운 화폐가 대한민국에 뿌려지게 된다. 참고로 2020년의 원래 정부 예산은 총 500조원 규모였다. 정부의 의도적인 재정적자에 더해 낮아진 이자율 역시 화폐가치의 하락을 부추긴다.

우리나라와 미국의 기준금리 추이를 보자. 2020년 6월말 기준, 미국은 0.00%~0.25%, 우리나라는 0.5%의 기준금리를 적용하고 있다. 기준금리가 낮다는 것은 돈 빌릴 때 부담이 적어져 은행에서 돈을 더 많이 빌리게 된다는 의미이다. 정부는 돈을 마구 풀고 은행은 대출 부담을 많이 줄여주는 상황이다. 돈이 쉽게 돌아다닐 수 있는 환경을 조성하는 것이다. 돈이 흔해지면 결국 화폐의 구매력, 즉 화폐가치가 낮아진다. 미국도 그렇고 우리나라도 그렇다. 코로나가 진행 중인 현 상황에서 돈이 마구 풀린다. 그럼 돈이 펑펑 나오는 수도꼭지를 언제 잠가

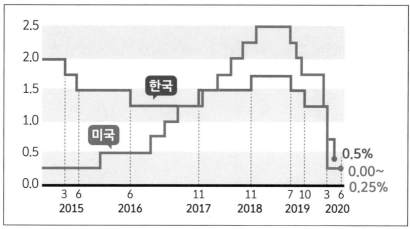

한미 기준금리 추이

출처: 한국은행, 미국연방준비제도

야 하는지, 즉 타이밍을 어떻게 잡아야 하는지가 중요해진다.

기준금리 인상을 통해 시중의 돈이 귀해지도록 하는 조치는 코로나로 침체된 경제가 다시 회복하는 것은 물론 오히려 경제가 과열되었다고 판단되는 시기에 행해질 것이다. 적어도 2030년까지는 기준금리가 많이 오르기 힘들 것으로 예상한다. 이 근거는 간단하다. 2008년 미국발 금융위기로 인해 낮아진 미국의 기준금리가 다시 오르기까지 10년 정도 걸렸다. 그때는 진원지인 미국이 피해를 가장 많이 입었고 다른 국가들은 미국의 영향으로 경기침체를 겪었는데 이번에는 미국뿐 아니라 지구 전체의 경제가 어려워진 상황이다. 그러니 그만큼 시간이 더 필요하고 회복도 더딜 것이다.

앞으로 10년간 기준금리는 급등하는 일이 없을 것이고 이에 따라 화폐가치는 지속적으로 하락할 것이다. 지금의 1억이라는 거금은 10년 후에는 5000만원 혹은 3000만원 정도의 가치만 가지지 않을까 싶다.

자산 보유가 위험관리 수단

화폐가치 하락의 연장선에서 접근하면, 은행에 예금하는 것보다 자산을 보유하는 편이 자산가치 방어에 유리하다. 화폐가치가 떨어진다는 것은 결국 부동산, 금, 은 같은 실물자산의 표시가격(가치라고 표기하지 않는 점에 주목) 상승을 유발하기 때문이다. 금 1g은 10년 전에도 지금도 동일하게 1g이다. 무게는 같은데 값이 달라지는 이유는 금의 가치가 올라서가 아니라 금과 대응되는 화폐가치가 그만큼 떨어졌기 때문이다. 실제 자산의 가치와 숫자로 표현되는 가치가 일치하지는 않는다는 점을 안다면 부동산 가격이 오르는 현상도 화폐가치 하락이라는 틀을 통해 이해할 수 있다.

자산을 보유함으로써 화폐가치의 하락을 방어할 수 있다. 가치 있는 현물을 보유하는 것은 스마트한 자산관리 방법이다.

이율보다는 수익률

　은행의 예적금을 통해 이율을 얻는 것은 이제 더 이상 현명한 자산 관리법이 아니다. 중앙은행의 기준금리가 0%대인 상황이다. 돈을 빌릴 때 적용되는 대출금리도, 돈을 맡길 때 적용되는 예금금리도 0%나 다름없다. 은행은 이제 이율을 기대할 수 있는 곳이 아니다. 대신 주식, 펀드를 통한 수익률을 얻어야 한다.

3

나이 들어
어르신이 되려면

어느 겨울 저녁, 식당에서 혼자 뜨끈한 순대국을 먹고 있는데, 옆자리 어르신들이 나누는 대화가 들려왔다. 대략 '나라의 은혜로 이렇게 잘 지내고 있어 다행'이라는 내용이었다. "기초연금이 얼마 나오고, 무슨무슨 수당 받고, 나라에서 집도 마련해줘서 아쉬운 소리하며 어디다가 손 벌리지 않아도 되니 얼마나 다행인지 몰라." 그러나 국가에서 도와줘서 다행인 지금의 모습이 정말 젊은 시절 꿈꿨던 자신의 모습일까.

대화 중간중간 미국의 어디에선가 겪었던 재미있는 경험들도 나오는 걸 보니 젊은 시절엔 이런저런 사업도 했고 외국 경험도 많은 어르신 같았다. 기초연금에 감사하는 모습을 보니 어느 순간 사업적인 실패를 크게 겪으셨나 하는 생각도 들었다.

부유한 사람에게 나이 듦은 성숙해지고 경험이 쌓여 더 즐거운 인생을 누리는 과정일 수 있지만 부유하지 못한 사람에게 나이는 부담스럽고 원망스러운 존재다. 나이 들면 일자리를 얻기도 힘들어지고 초라한 노인에게 호의적인 사람은 많지 않기 때문이다. 부유한 사람은 나이 들면 선생님, 어르신 소리를 듣지만 부유하지 못한 사람은 늙은이 소리를 듣게 된다.

품위 있게 나이 들어 어르신 대접을 받자. 품위 있게 나이 들기는 아주 간단하다. 어느 모임에 가든 입은 다물고 지갑을 열면 된다. 그럼 선생님이고 어르신이다. 그 반대로 하면 욕먹는 늙은이가 된다. 덧붙이자면 어르신은 새로운 문물을 긍정적이고 관용적으로 받아들이려 노력한다. "난 이런 거 할 줄 몰라. 안 해봤어. 젊은이가 대신 좀 해줘"라고만 한다면, 나도 그런 분들은 피하고 싶다.

4

IMF가 남긴 상처
코로나가 남길 상처

지금 은퇴를 준비해야 하는 대한민국 베이비붐 세대의 학창시절과 사회 초년생 시절은 간단했다. 열심히 공부해서 좋은 직장 들어가면 밥 굶을 일 없이 중산층으로 살 수 있었다. 좁은 단칸방에서 사회생활을 시작해도 미래에 대한 희망이 가득했기에 큰 불만이 없었다. 적어도 IMF라는 엄청난 사건이 터지기 전까지는 그랬다.

혹시 알고 있는가? 90학번까지는 여러 군데 회사에 합격해서 그중 가고 싶은 곳을 고르는 게 보통 상황이었다. 전례 없는 취업난에 시달리는 지금에는 꿈만 같은 이야기지만 당시에는 그랬다.

지금 젊은 세대에게는 벌써 20년도 더 지난 IMF 사태가 크게 다가

오지 않는다. 반면 1975년 이전에 태어난 베이비붐 세대에게 IMF는 엄청난 의미를 지닌다. 1997년 1월 한보그룹의 부도를 발단으로 나라가 휘청이고 잘나가던 회사들이 망하는 모습을 매일 뉴스로 봐야 했기 때문이다. 일명 '저주받은 91학번'은 특히 더하다. 그들은 최고의 대학경쟁률을 겪어야 했고, 졸업할 때는 IMF가 터져 취직이 확정된 회사가 공중 분해되는, 상상도 못한 일을 경험해야 했다. 그 거대한 시련은 대한민국 사회에 몇 가지 뼈아픈 상처를 남겼다.

상처 1. 큰 회사도 망할 수 있다는 불안

한보, 삼미, 대농, 한신공영, 쌍방울, 뉴코아… '아~그 회사들' 하고 기억나는 이름들이다. 강남구 대치동에 은마아파트를 지었던 재계 서열 14위의 한보, 삼미 슈퍼스타즈 야구단을 운영했던 삼미 그리고 돈놀이를 하며 땅 짚고 헤엄치던 종금사들이 모조리 망했다. 대기업도 중소기업들도 망했다. IMF 당시 너무 많은 회사들이 망하는 바람에 나중에는 회사 부도 소식이 들려와도 무덤덤하게 반응할 정도였다.

'어떤 규모의 회사라도 망할 수 있다.' 이는 IMF가 준 상처이자 교훈이었다. 대마불사(大馬不死, 대형회사는 영원히 망하지 않는다)라는 믿음은 산산이 부서지고 말았다.

회사가 망하면 근로자들은 직장을 잃게 된다. 실직당한 사실을 차마 가족에게 알리지 못해 양복을 입고 출근 시간에 집을 나와 동네 공원과 놀이터를 전전하며 시간을 보내던 수많은 '실직자'들이 이때 양산되었다.

상처 2. 종신고용의 믿음이 깨지다

IMF 사태 전까지의 회사는 종신고용이 당연하게 받아들여지는 곳이었다. 한 회사에서 사회생활을 시작하게 되면 그곳에 뼈를 묻겠다는 심정으로 근무했다. 직원들은 회사에 청춘과 능력을 바치고 회사는 그에 대한 대가로 정년까지 근무할 수 있도록 해주었다. 중세시대 유럽의 봉건제와 비슷했다. 신하는 왕에게 충성하고 왕은 그런 신하의 생존을 지켜주는 방식. IMF 이전까지 이직이나 전직은 '배신자'나 하는 비겁한 행동이었다.

그러나 IMF는 이런 가치관을 송두리째 뒤바꿔놓았다. 회사는 살기 위해 구조조정이라는 이름으로 직원을 강제로 내쫓았다. '내 인생을 회사에 바치면 회사는 내 여생을 책임져줄 것'이라는 믿음이 깨져버린 것이다.

그 결과 지금은 어떤가? 이직과 전직을 통해 자기 몸값을 올리는 일이 당연해졌다. 오히려 한 직장에 오래 근무해 근속 20년, 30년 같은 감사패를 받는 사람을 무능력하다고 취급하는 세상이 되었다.

상처 3. 공무원 인기가 높아지다

IMF는 공무원의 인기를 한껏 높여놓았다. 회사는 잘릴 수 있지만 공무원은 그런 걱정이 없다. 게다가 정년까지 일한 후 퇴직하면 연금까지 안정적으로 받을 수 있으니 최고의 직업으로 급부상한 것이다.

필자가 고등학교 2학년이었던 1992년, 성균관대 수학과 출신의 남자 수학 선생님이 계셨다. 그분은 시간 날 때마다 "너네는 공부 열심히 해서 선생질하지 마라"고 말씀하셨다. 당신의 친구들은 좋은 회사 들어가서 잘나가는데 교실에서 말도 잘 안 듣는 고등학생들과 씨름하는 자신의 신세가 지겹고 싫으셨던 듯하다. 공무원은 어딘가 고리타분하고 무기력하다는 이미지가 있었던 당시의 사회 분위기, 기억하는 사람들이 적지는 않을 것이다. 모든 것을 바꿔놓았던 IMF는 직업 선택의 기준조차 바꾸었다. 회사는 망할 수 있지만 공무원은 실직 걱정이 없다는 장점. 현재까지 이어지는 공무원 인기의 비결이 아닐까.

2020년 이른 봄, 대한민국을 비롯한 전세계는 코로나19로 인해 지금껏 만난 적 없던 대격변을 겪어야 했다. 옛날 TV에서 보았던 동유럽 사람들의 얼굴이 기억난다. 생필품을 사기 위해 마트 앞에서 길게 줄을 서서 기다리던 차가운 표정들. 그 장면이 우리나라와 전세계에서 재현되었다. 마스크를 사기 위해 약국 앞에 줄을 섰고, 자영업자들은 소상공인대출을 받기 위해 새벽부터 길게 줄을 서 기다려야 했다.

코로나가 우리 경제에 미칠 영향은 IMF의 몇 배쯤 되지 않을까 싶다. IMF는 외환위기를 겪은 일부 국가만의 위기였고 나머지 서방세계는 위기상황이 아니었기에 우리나라는 수출을 통해 다시 경제 체력을 회복할 수 있었다. 그러나 코로나19는 전세계를 엄청난 위기에 빠뜨렸다. '국난 극복이 취미'라는 유머도 있을 만큼 위기에 강한 면모를 보이는 대한민국이지만 이번에는 아주 긴 시간 동안 경제적으로 다들 힘들 것으로 예상한다.

코로나가 준 상처 역시 IMF와 크게 다르지 않다. 큰 회사들마저 어려움을 겪고 있다. 기업들은 직원들에게 무급휴가를 주거나 희망퇴직 신청을 받아 인건비를 줄인다. 여기서 참고할 사항이 있다. 만 45세부터는 회사에서 필요 없는 사람 취급을 받는다는 점이다.

두산중공업 만 45세 이상 명예퇴직 실시한다...1000여명 규모

출처 : 한국경제신문 2020.2.18.

산업계 올해 인력 감축 추진 현황	
두산중공업	45세 이상 직원 2600여 명 대상 명예퇴직
에쓰오일	50세 이상 직원 대상 희망퇴직
대우조선해양	52세 이상 직원 수십 명 희망퇴직
코닝정밀소재	5년 이상 근무 직원 300여 명 대상 희망퇴직
효성중공업	차~부장 이상 직원 수백 명 대상 희망퇴직
현대로템	책임매니저 이상 직원 수백 명 대상 희망퇴직
르노삼성자동차	상시 희망퇴직 접수 시행
OCI	유휴 인력 운용방안 노사 협의 진행
만도	유휴 인력 운용방안 노사 협의 진행
롯데쇼핑	점포 폐쇄 후 수천 명 인력 감축 가능성

출처: 동아일보 2020.2.25.

회사는 어려워지면 사람부터 자른다. 위에서 보듯 대한민국 유수의 대기업들마저도 희망퇴직, 명예퇴직을 실시하지 않는가. 옛날일이 아니다. 바로 2020년에 진행 중인 일들이다. 이처럼 은퇴와 퇴직은 남의 일이 아니다. 직원 목숨은 파리 목숨이라는 사실을 IMF가 처음 알려주었고 코로나19가 쐐기를 박았다.

5

로또만이 살 길?
씁쓸한 대한민국

서울 노원구 상계동에는 유명한 로또 가게가 있다. 그 가게 앞에는 항상 사람들이 길게 줄지어 있다. 1등에 당첨되어 인생을 바꿀 수 있기를 바라며 말이다. 줄을 서 있는 사람 중에 누구는 1등을 할 수도 있을 것이다. 그래서 집도 사고 차도 사고 새 인생을 영위할지도 모른다.

TV에서는 로또 1등에 당첨된 후 오히려 더 불행해진 사례들을 다루며 서민들의 '아픈 배'를 어루만져 준다. 그러나 솔직해지자. 로또만이 살길 아닌가? 월급은 빤하고 생활비는 박하며 노후는 냉정하게 다가온다. 로또를 사려고 긴 줄에 서서 참을성 있게 기다리는 사람을 누가 한심하게 여기고 욕할 수 있단 말인가? 당첨이 되면 20~30억을 받는데! 대기업, 공기업에서 50년은 일해야 벌 수 있는 돈을 한번에 손에 넣을 수 있다. 다만 이 책은 '나는 로또 당첨될 일이 없을 거야'라고 생각하는 사람을 대상으로 한다.

군이 확률을 들먹이며 확인 사살하지 않아도 로또는 남의 이야기다. 벼락 맞는 것보다 희박한 확률에 소중한 돈을 낭비하지 말자. 스포츠토토 역시 마찬가지다. 가끔 편의점에서 열심히 로또 사고 스포츠토토에 번호를 기입하는 사람들을 보면 '저들은 저런 희망이라도 없으면 살아갈 수 없겠지' 하는 안쓰러운 생각이 든다. 이 책을 읽는 독자라면 그러시지는 않으리라 믿는다. 적어도 시간과 노력을 들여 책을 읽을 만큼의 여유가 있으니까. 로또에 헛된 희망을 걸지는 말자.

월급을 모으면 로또 당첨금!

중소기업에 입사하면 3000, 대기업은 4000, 신의 직장에 입사하면 7000만원. 대략 연봉은 이 정도라고 볼 수 있다. 월급 인상 없이 20년 동안 일한다고 가정했을 때 중소기업은 6억, 대기업 8억, 신의 직장은 14억원 정도 받는다. 로또처럼 한 방에 손에 쥘 수는 없지만 오랜 기간에 걸쳐 꾸준히 이런 거금을 받게 된다는 의미이다.

월급만 잘 모아도 로또 당첨금이 부럽지 않다. 그러나 문제는 월급을 받아도 쓸 데가 너무 많다는 것이다. 여행도 가야 하고, 친구들과 골프도 치고 술도 한잔해야 하고, 커피도 마셔야 한다.

월급의 가장 큰 문제는 바로 '월급'이라는 사실에 있지 않나 싶다. 차라리 1년에 한 번 목돈을 받는다면 제대로 투자도 하고 알뜰살뜰 살림을 잘 꾸릴 수 있지 않을까.

다른 문제도 있다. 죽을 때까지 받을 수 있는 돈은 아니라는 점이다. 회사에 다니면서 일하는 동안에만 받을 수 있기에 더는 회사에 다니지 않을 때 어떻게 해야 좋을지를 미리 고민해 놓아야 한다.

이번 주에도, 다음 주에도 누군가는 로또는 당첨되어 인생을 역전시킨다. 하지만 그게 나는 아니라는 사실을 받아들여야 한다. 누군가는 건널목이 아닌 도로를 무단횡단한다. 심지어 고속도로를 정처 없이 걸어 다니는 사람도 가끔 TV에 나오고는 한다. 그 사람들이 "무단횡단해도 안전해요. 안 죽으니까 같이 무단횡단합시다"라고 권유한다면 당신은 어떻게 하겠는가? '그럴지 몰라도 위험하니까 난 하지 않겠다'라고 생각할 것이다. 복권 1등에 당첨될 확률은 무단횡단하다가 사고를 당할 확률보다, 떨어지는 벼락에 맞을 확률보다도 낮다. 희박한 확률에 인생을 걸지 말자.

6

퇴직 준비 시기별
마음가짐의 변화

수많은 직장인들의 재정상담을 해오면서 알게 된 두 가지가 있다. 첫째는, 누구나 자신의 미래에 대해서는 지나치리만큼 자신감이 충만하다는 것과 둘째는 앞으로 어떻게든 될 것이라는 믿음이 매우 강하다는 점이다.

그러나 현실은 매우 냉정하다. 55세가 되면 지금의 직장을 떠나야 한다. 오너이거나 임원이 아닌 이상은 그럴 수밖에 없다. 법으로 정년이 보장되어 있다 해도 우리는 이미 잘 알고 있다. 55세가 어떤 의미인지 말이다. 퇴직은 누구나 피하고 싶은 인생의 슬픈 단계임에는 분명하다. 한창 일을 더 할 수 있는 상태인데도 회사는 "회사 사정이 어려워져서" 또는 "경제 상황 악화로 인해서" 부득이하게 되었으니 "미안합니다" 정도로만 말하고 매정하게 당신을 내치기 때문이다. 주변 사람이 이러한 과정으로 회사를 그만두는 모습을 보면 '나도 조심해야겠다'는 생각도 들지만 동시에 '나만은 절대 저렇게 허무하게 회사 생활을 마무리하지 않겠다'는 마음도 생긴다. 내가 지금까지 회사에 바쳐온 청춘과 시간, 노력을 회사는 분명 알아주리라고 생각하기 때문이다. 전쟁터에서도 이와 비슷한 상황을 겪는다고 한다. 정말 적의 총탄에 맞아 부상을 입기 전까지 '다른 사람을 몰라도 나는 절대 총에 맞지 않을 것'이라고 생각하는 심리가 있기 때문이다.

하지만 사람이 태어나면 반드시 죽음을 맞이하듯, 취직을 하게 되면 언젠가는 퇴직을 하게 된다. 다만 누구는 일찍 하고 누구는 늦게 하며, 누구는 자의로 또 다른 누구는 타의로 인해 퇴직을 맞이한다는 차이가 있을 뿐이다.

퇴직 20년 전, 나이 35세 전후

아직 퇴직을 생각하기에는 준비가 전혀 되어 있지 않다. 취직한 지도 얼마 되지 않은 경우가 많기 때문이다. 남자의 경우 대략 30세 전후에 취직하는데 35세 전후에 퇴직을 생각하다니, 가당치 않을 것이다.

입사한 지 5년 정도라면 퇴직보다는 직장에서 눈앞에 펼쳐진 수많은 승진의 기회를 바라보면서 '나도 언젠가는 저렇게 임원이 되어야지' 라거나 '정년이 55세이니까 아직 20년은 더 일할 수 있다' 정도로만 생각한다. 퇴직은 35세 남성에게는 먼 나라 이야기다.

반면 여성은 약간 다른데, 대략 25세 정도에 취업했다면 35세 전후의 경우 직장생활을 10년 정도 해온 셈이다. 사실 여성은 남성보다 직장생활이 어려운, 불합리한 현실에 처해 있다. 결혼을 하면 "결혼했으니 조만간 그만두겠네?" 하는 암묵적인 압박도 적지 않고, 본인도 10년 가까이 직장생활을 했으니 지칠 법도 하다. 그렇다 해도 아직은 진지하게 퇴직을 고려하지는 않는다. 직장을 그만두고 전업주부로 지내기에는 지금까지의 경력이 아깝기도 하고, 아직 몇 년은 끄떡없이 근무할 수 있다고 생각하기 때문이다. 특히 공무원이나 교직에 몸담은 여성들은 다른 직장보다는 정년까지 근무하기가 상대적으로 수월하기에 퇴직은 아직 먼 미래의 일로 느껴지기 쉽다.

결국 남성이나 여성이나 35세 전후일 때는 퇴직을 전혀 고려하지 않는다고 볼 수 있다. 일을 그만둔다고 생각하기에는 아직 젊고, 혹여 지금 다니고 있는 직장을 그만둔다 해도 얼마든 다른 곳에서 일할 수 있으리라는 자신감도 있다. 이 연령대의 직장인들은 퇴직이라는 단어 자체를 그다지 심각하게 생각하지 않는다. 그래서 미래에 있을 퇴직 준비는 천천히 시작해도 결코 늦지 않다고 여긴다.

퇴직 10년 전, 45세 전후

남성 직장인은 45세가 되면 서서히 퇴직을 신경 쓰기 시작한다. 그들의 10년 선배들이 하나둘씩 회사를 그만두면서 '퇴직 인사'를 하는 모습들을 바로 옆에서 보기 때문이다. 그런 데다가 직장 내에서도 밑에서 치고올라오는 젊은 후배들 때문에 내심 불안하다. 직장인은 45세가 정년이라는 '사오정'이라는 말도 심각하게 받아들이게 된다.

또한 45세 전후 여성 직장인들은 '유리천장'이라는 보이지 않는 승진의 장벽을 실감하는 시기이다. 자신이 근무실적이나 능력에서 더 뛰어난데도 그렇지 않은 또래 남성들이 승진하는 것을 보면서 심한 스트레스를 받기도 하고 퇴직하여 창업을 고민해보기도 한다.

40대 중반은 육체적으로나 정신적으로 직장에서 최고의 효율과 능력을 발휘할 수 있는 연령대이기 때문에 아직은 퇴직을 심각하게 생각하지는 않는다. 다만 앞서 퇴직하는 선배들을 보며 나도 슬슬 대비해야 하지 않을까 막연히 불안할 뿐이다. 여전히 월급은 따박따박 나오고 회사에서도 안정적으로 자리 잡고 있어서, 막연히 퇴직을 걱정하긴 하지만 심각하게 생각할 단계는 아니라고 자신에게 계속 최면을 거는 시기이다.

이런 상황에서 어느 날 갑자기 해고 통지를 받게 되면 그 충격은 이루 말할 수가 없다. 경제적으로 아직 제대로 준비되어 있지 않은데 해고를 당하게 될 줄이야! 자의가 아닌 타의로 인해 강제로 회사를 나가는 일이 내 이야기는 아니리라 생각했기에 더욱 충격을 받을 수밖에 없는 상황이다.

퇴직 5년 전, 50세 전후

회사의 오너나 임원이 아니라면 하루하루가 불안한 시기이다. 현재 내 몸값이라면 더 오래, 더 열심히 일할 수 있는 신입사원 2명을 고용할 수 있다는 사실을 알기 때문이다. 심리적으로 볼 때, 50세가 되면 퇴직 이후 어떻게 살아야 할지 본격적으로 고민하기 시작한다. 동창회에 나가면 나는 아직 회사에 다니고 있지만, 친구들은 퇴직을 강요받아 고민하는 경우를 보게 된다. 이미 '회사에서 짤린' 친구들도 적지 않다.

퇴직은 이제 더 이상 남의 일이 아니다. 언제든 내게도 일어날 수 있다는 것을 온몸으로 느끼게 된다. 이때 조금이라도 퇴직을 대비해 놓은 상황이라면, 이 시기를 맞이한다 해도 그나마 퇴직 이후의 인생에 희망을 가질 수 있다. 그러나 어떤 준비도 되어 있지 않은 상황이라면 압박과 불안은 눈덩이처럼 커져간다. 과거 퇴직을 대비할 수많은 기회가 있었는데도 아무 준비를 하지 않았음을 자책하기도 한다. 중고등학교에 다니는 자녀가 있다면 대학등록금 및 학업 지원금을 어떻게 마련해야 할지 걱정되는 시기이다.

필자가 근무했던 L모 회사에서 50대 임원이 아주 사소한 이유로 퇴직하게 된 경우가 있었다. 전체적으로 조직을 젊게 혁신하겠다며 40대 후반들을 임원으로 승진시키면서, 해당 임원은 50대라는 이유로 나가게 된 것이다. 부서 실적도 좋고 회사는 성장 가도를 달리고 있었는데도 말이다. 예상치 못한 퇴직 통보를 받았을 때, 그 임원이 지었던 난감한 표정은 지금도 잊기 힘들 정도다. 이처럼 50대가 되면 어느 날 갑자기 해고 통지를 받을지도 모른다는 불안감이 생긴다.

퇴직 직전, 55세~57세 전후

더는 물러설 곳이 없어 보인다. 잡 셰어링(Job Sharing) 프로그램을 통해 정년을 일부 늘려주는 회사가 있긴 하지만, 그마저도 실질적으로 퇴직을 2년 정도 잠시 미루는 정도일 뿐 큰 효과를 기대하기는 힘들다. 아직 몸은 건강하고 일도 잘할 자신이 있는데도 퇴직이라는, 피하고 싶은 괴물은 매일 가깝게 다가오고 있다.

그동안 모아놓은 재산이 있고 노후를 크게 걱정하지 않아도 되는 상황이라면, 퇴직 후 어디를 여행할지 즐거운 고민을 할 수 있고 과거

바쁘다는 이유로 제대로 즐기지 못했던 취미활동이나 운동 등을 계획할 수도 있다. 하지만 많은 사람들이 그렇게 여유롭지 못하기에 대부분의 퇴직자들은 미혼인 자녀 부양과 노후준비 등 큰돈 들어갈 상황이 너무나 고민될 뿐이다. 무엇보다 가장 크게 후회되는 점은 자신을 위해 퇴직을 대비하지 않았다는 것이다. 퇴직금, 퇴직연금만이 유일한 수입원이 되리라는 불안이 밀려온다.

만일 월세 수입이 안정적이면서 가격도 오르고 수익률 높은 상가를 소유할 수 있다면 큰 짐을 덜 수 있지만, 최근 베이비붐 세대들이 퇴직하기 시작하면서 그런 상가는 이미 다 팔리고 없다. 상가 자체의 공실률도 높아져서 좋은 상가는 더더욱 찾기 어려워졌다. 주식이나 펀드는 혹시라도 손해를 볼까 함부로 손대기도 두렵다. 자녀들의 도움을 받아 편하게 노후를 보낼 수 있다면 상관 없지만 자녀들도 경제적으로 아직 힘든 시기이다. 이제 막 사회생활을 시작했거나 결혼 시기가 다가오면서 오히려 부모의 도움을 기대하기 때문이다.

퇴직은 이미 명백히 정해져 있는 '큰 사건'인데도 이를 미리 대비하려고 준비하는 사람들은 그다지 많지 않다. 30대일 때는 아직 나중 일이라서 준비하지 않고, 40대에는 미래에 대한 준비보다는 지금 당장 필요한 자녀 교육비 및 생활비 충당하기에도 빠듯하다. 50대부터는 퇴직에 대한 걱정이 시작되기는 하지만 제대로 준비할 수 있는 상황은 아니고 특히 퇴직 직전이 되면 아무것도 준비하지 못한 상태로 회사를 그만둬야 한다는 두려움이 가장 크지만 정작 할 수 있는 일은 없다고 체념한다. 모든 시기에는 스스로 합리화할 수 있는 변명거리가 존재하지만, 결국 퇴직할 때엔 '그때 왜 준비하지 못했을까' 하는 후회만 남을 뿐이다.

그나마 위안이 되는 점은, 나만 그런 것은 아니라는 사실이다.

7

치킨집, 편의점에서
인생 마감하고 싶지 않다면

문과를 나왔던 이과를 나왔든 대부분 퇴직 직장인의 결론은 치킨집 아니면 편의점이다. 치킨집만 해도 이미 3만6000명의 선배들이 이를 증명한다. 통계청 자료에 의하면 치킨 프랜차이즈 가맹점 수는 2만 4719개다(2015년 말 기준). 호프집 등 치킨 판매를 겸하는 업체까지 합치면 약 3만6000개다. 생존율을 살펴보면 2015년 창업한 개인 사업자는 106만8000명, 폐업자는 73만9000명이다. 몇 달 혹은 몇 년을 버티다 폐업한 사람을 모두 합친 수치이니 정확하지는 않지만 대략 70%는 폐업했다고 볼 수 있다.

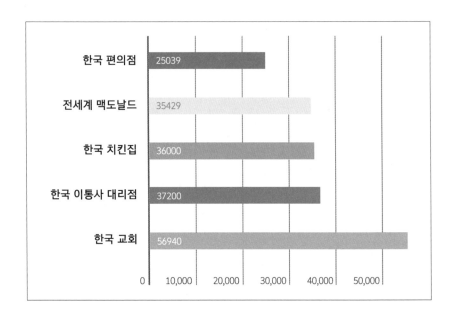

위 그래프를 보자. 편의점은 2만5000개, 치킨집은 3만6000개다. 이통사 대리점은 3만7000개로 이에 못지않다. 교회도 많다. 전국에 5만7000개의 교회가 있다.

낮은 진입장벽

치킨과 편의점은 진입장벽이 낮다는 공통점이 있다. 장인정신을 요구하지 않는다. 간단한 교육만 받으면 바로 창업할 수 있는 시스템이다. 치킨 프랜차이즈 본사는 재료를 공급하고 각 지점들은 재료를 받아 간단하게 후가공(?)만 하면 된다. 편의점도 이와 비슷하다. 각 편의점 본사에서 제공하는 최첨단 물류 관리 시스템을 통해 물건을 받고 매장에 비치해두면 된다.

내가 지금까지 어떤 회사 어떤 부서에 속해 있었는지는 아무 상관 없다. 프랜차이즈 본사에서 주는 대로 받아 교육받은 대로 굽고 바코드만 찍으면 된다. 진입장벽이 낮다. 퇴직 이후 마음이 조급해진 사람들을 대상으로 한 완벽한 유혹이다. "본사에서 간단한 교육만 받으면 됩니다!" 얼마나 매력적인 제안인가.

위 그래프에는 나오지 않지만 카페도 정말 많다. 스타벅스에서 빽다방까지 전문 브랜드가 즐비하다. 점장이 바리스타가 되어 직접 커피를 만들 필요도 없다. 알바생들이 알아서 주문받고 커피를 내린다. 너도 할 수 있고 나도 할 수 있는 일이다. 자연히 경쟁이 치열해지고 진흙탕 싸움이 되어버린다. 70%가 폐업하는 현실이다.

경쟁업체가 많아 이미 충분히 괴로운데 본사의 갑질까지 존재한다. 어떤 업체는 회장 아들이 납품 재료를 시가보다 비싸게 강제 구매시키기도 하고, 어떤 업체는 회장이 점장에게 욕을 하면서 "이 가게 문 닫게 해!"라고 지시하기도 했다. 성추행 등 지저분한 사건에 연루되어 브랜드 이미지가 땅에 떨어지면 고객들이 죄 없는 점장에게 사과를 요구하기도 한다. 이래저래 피곤한 삶이다.

창업 아이템을 고를 때 치킨집이 싫으면 대안으로 편의점이 있다. 편의점 역시 피곤한 삶을 강요한다. 알바생이 펑크를 내면 업주가 직접 가게를 운영해야 한다. 술에 취한 손님들이 돈을 던져도 웃는 얼굴로 "감사합니다. 결제 도와드리겠습니다"라고 해야 한다. 먹다 남은 컵라면과 맥주들을 직접 치워야 한다. 회사에서 부장님 소리 듣다가 지저분한 탁자를 치우고 있노라면 만감이 교차한다.

고객은 점장이 누구인지, 어느 대학 출신인지 전혀 신경 쓰지 않는다. 이 치킨집, 이 편의점, 이 카페 사장이 박사이건 고졸이건 아무 상관없다. 명문대를 졸업하고 알아주는 대기업에 다니다 퇴직한 사람이 튀긴 치킨이니 영광으로 알고 먹겠다는 사람은 한 명도 없다.

회사에서 차장, 부장일 때는 부하직원들이 긴장하는 척이라도 했지만, 회사를 나오고 나면 옛 부하들을 손님으로 맞아야 한다. 술주정 심한 취객을 웃는 낯으로 응대할 수 있게 되면 그때 치킨집이나 편의점을 차리도록 하자. 커피 한 잔 시켜놓고 가게의 전기까지 사용하며 몇 시간 동안 테이블을 차지하고 앉아 있는 취준생을 보면서 미소 지을 수 있을 때 카페를 차리자.

치킨집을 하기 싫다면?

PLAN B의 핵심은 직접 일하지 않고 소득을 올리는 것이다. 치킨집을 차릴 돈으로 차라리 치킨집 자리를 사서 세를 받는 것, 목 좋은 카페 자리를 사서 세를 받도록 계획을 세워야 한다는 뜻이다. 아니면 직장생활에서의 경험을 토대로 학위를 받거나 책을 집필하는 것도 좋다.

'책'에 대해 이야기하면 대부분의 직장인들은 갑자기 겸손해진다. "제가 무슨 지식이 있다고", "저는 그럴 자격이 안되는데요" 식이다. 수줍어할 필요가 없다. 직장에서 겪은 산전수전의 이야기들. 풍부한 이론과 경험이 접목된 살아 있는 이야기들을 사람들은 궁금해한다. 필자가 처음《신입사원 상식사전》이라는 책을 냈을 때는 만32세였다 (그땐 용감하기도 했다). 나도 해봤다. 그러니 당신도 할 수 있다.

지금 뭐라도 하지 않으면 당신은 은퇴 후에 생닭을 사서 튀겨야 한다. 닭을 배달시켜서 집에서 편하게 드시고자 한다면 공부를 더 하거나 돈을 더 잘 모으거나, 둘 중 하나는 해야 한다.

가끔 식당에 가면 카운터에 이런 사장님들이 서 계신 모습을 본다. 근엄하고 진지한 표정으로 손님들을 감시하는 듯한 눈길. 손님의 바보 같은 행동에 대해 뭔가 할 말이 많은데 참느라 꾹 다문 입술. 그런 모습을 보는 순간 바로 견적이 나온다. '저 분은 회사에서 부장까지 하다가 나오셨겠구나. 여긴 내년이면 망하겠다.' 미안한 이야기를 하나

하겠다. 지금 바로 거울을 보라. 인상 좋은 얼굴이 보인다면 지금이라도 카운터에 가서 앉아도 된다. 하지만 그렇지 않다면 알바생을 쓰도록 하라. 돈은 직원에게 맡기는 게 아니라고? 선택은 자유다. 하지만 필자는 분명 경고했다. 거울부터 봐야 한다고.

8

은퇴와 노후를
대비한 3+3 통장

젊고 건강할 때는 은퇴나 노후에 대해서 전혀 고민하지 않는다. 현재가 아닌 나중의 일을 미리 걱정할 필요를 느끼지 못하기 때문이다. 그렇게 시간이 지나 은퇴와 노후가 현실로 다가오고 이를 대비해야 할 시기가 되면 정작 무엇을 어떻게 해야 할지 몰라 헤매기 쉽다. 어떻게든 채워질 것 같던 내 통장은 여전히 마이너스이고, 미래를 준비하고 싶어도 지금 당장 해결해야 하는 돈 문제들이 많다. 단순 계산해볼 때, 연봉 5천만원을 받으며 20년을 근무하면 10억원이라는 거금을 받아왔다는 건데 그 많은 돈은 어디로 갔는지 잘 기억도 나지 않는다. 걱정만 하다가 시간을 흘려보내는 상황이다.

문제가 크고 복잡하면 감히 손댈 엄두가 나지 않는 법이다. 회사 일도 그렇고 개인의 일도 그렇다. 그래서 하나씩 작은 조각으로 나누어 은퇴와 노후를 대비하는 방법을 소개하고자 한다. 총 6개의 통장 준비가 PLAN B의 핵심이다. 다행스럽게도 6개 중 2개는 나라에서 강제로 준비시켜 준다. 그러니 남은 4개의 통장만 준비하면 은퇴와 노후를 크게 걱정하지 않아도 된다.

국가가 준비시키는 3개의 통장

국가에서 반강제로 준비시켜 주는 노후대비 수단이 두 가지 있다. 국민연금과 퇴직연금이다. 직장에서 근무하며 월급을 받을 때 일정 부분이 적립되기 때문에 특별히 개인이 신경 쓸 필요는 없다. 아쉬운 점은 돈을 적립할 때 내 의견이 전혀 반영되지 않듯이, 훗날 그 돈을 받을 때도 내 의견이나 상황이 전혀 반영되지 않는다. 나라에서 정한 대로 내고 받기 때문에 은퇴할 때의 내 상황은 전혀 고려되지 않는다.

퇴직연금 역시 직장에서 근무하는 기간 동안 별 신경을 쓰지 않아도 자동으로 적립된다. 국민연금과 비슷한 시스템인데 DB/DC 중 방식을 선택할 수 있다는 차이점이 있다.

그럼 이제 남은 하나의 통장은 무엇일까? 바로 근로소득 월급통장이다. 지금 근무하는 곳에서 받는 월급통장뿐 아니라 앞으로 있을 은퇴, 퇴직 후 새로 얻은 일자리에서 받는 월급이 들어갈 통장이다. 퇴직했다고 해서 아무 일도 하지 않고 집에만 있으면 건강도 안 좋아지고 빨리 늙는다. 급여가 적어도 무조건 일할 수 있는 자리를 찾아야 한다. 지금처럼 멋진 직장에서 좋은 대접을 받을 수는 없을 것이다. 하지만 돈이 아닌 '건강 유지'를 목적으로 생각의 전환을 꾀해야 한다.

본인이 준비해야 하는 3개의 통장

국가에서 알아서 준비시키는 3개의 통장을 제외하면 나머지 3개 통장은 본인이 직접 준비해야 한다. 민영연금 통장, 금융수익 통장, 부동산 임대수익 통장이다. 어디서 강제로 준비시켜 주지도 않고 없다고 불이익을 받는 일도 없으니 신경 쓰지 않으면 준비를 못할 수도 있다. 하나씩 간단하게 살펴보자.

민영연금은 보험 회사의 '연금'이다. 국민연금, 퇴직연금에 추가해서 준비해야 하는 통장이다. 물론 강제적인 상품이 아니므로 준비해도 그만, 안 해도 그만이다. 수익률도 좋지 않다. 한 달에 50만원씩 10년 동안 꾸준히 넣는다고 해도 나중에 받을 때는 한 달에 50만원이 좀 못 된다. 50만원 넣어서 500만원씩 받는 상품도 아니지만 그래도 준비해야 하는 이유가 있다. 종신까지 연금을 받을 수 있다. 오래 살아 있을 수록 수익률과 가성비가 올라가는 상품이다. 꼭 있어야 하는 것은 아닐지 몰라도 준비해두면 분명 좋은 상품이다.

금융수익 통장은 주식 및 펀드를 활용하는 통장이다. 재테크로 자산을 늘리는 목적도 있지만 주식, 금융 상품도 잘 찾아보면 연금처럼 활용할 수 있는 상품들이 있다. 싸게 사서 비싸게 파는 목적이 아닌, 잘 가지고 있으면서 정기적으로 수익을 받는 상품들을 선택하자.

부동산 임대수익 통장은 상가나 오피스텔을 매입해 받는 월세 통장이다. 임대수익용 상가, 오피스텔은 가격대가 다양해서 작게는 몇천만원에서 시작하는 상품도 있다. 여기까지 3가지 통장이 모두 준비되면 더는 노후를 고민할 필요가 없다. 돈 걱정은 모두 잊고 나 자신을 위한 즐거운 미래의 삶을 준비하면 된다.

이렇게 3+3개 통장에 대해 간략하게 살펴보았다. 이후부터는 각 통장에 관한 세부내용들을 알아보자. 미리 당부하지만, 이 책의 목적은 호기심을 충족해서 만족감을 얻는 것이 아니다. '흠, 이런 게 있군. 잘 알겠소, 작가 양반'보다는 '내 경우에는 이것과 이것을 준비해야겠구나'라는 생각을 하게 되기를 바란다.

PLAN B

2장

기본 통장 1 - 근로소득 통장

1

월급은
한 달 인생에 대한 대가

오늘 하루가 지났다는 것은 노후가 하루 앞당겨졌음을 의미한다. 약
간 잔인하게 표현하자면 죽을 날 역시 하루 앞당겨졌다는 뜻이기도
하다. 어릴 땐 하루가 참 길었다. 아침에 학교 가서 지루하게 쉬는 시
간만 기다리다가 하교하면 친구들과 하루종일 놀았다. 한 살 한 살 차
이도 커서 한 학년만 높아도 감히 말대꾸조차 하기 어려웠다. 사회초
년생 시절에는 정신없이 일하다 보면 어느새 한 달이 훌쩍 지났음을
실감하고는 했다. 학생 때엔 하루 단위로, 젊은 직장인 시절엔 한 달
단위로 흘렀던 시간이 중년에 들어서면 1년 단위로 빠르게 지나간다.
'그때가 몇 년도였더라' 이렇게 지난 일을 떠올리게 되는 것이다. 노

년이 되면 아마도 10년 단위로 기억하지 않을까. '그때 나는 오십 대였지' 이렇게 말이다.

열 살 아이에게 일 년은 전체 인생의 1/10, 즉 10%를 차지한다. 하지만 50세 중년에게 일 년은 1/50으로 겨우 2%에 불과하다. 나이가 들수록 시간이 빨리 흐르는 기분은 이와도 관련 있을 것이다.

한 달이라는 시간 동안 회사에서 열심히 일하면 월급을 받는다. 이 월급에 대해 생각해보자

월급은 한 달 인생의 대가다

아침에 눈을 떠 서둘러 출근하고 직장에서는 온갖 더러운 꼴을 다 견디고 얻은 결실이 월급이다. 월급은 '나 자신의 몸값'이기도 하지만 어떻게 보면 내 인생을 한 달 동안 바친 대가이기도 하다. 한 달의 내 인생이 300만원, 500만원으로 통장에 찍힌다. 마치 등급 도장이 찍혀 정육점에 매달린 소고기처럼 우리의 몸값도 숫자로 적혀 나타난다.

힘들게 한 달을 일해 받은 500만원은 어디에 어떻게 사용될까. 카드값 150만원 정도, 대출이자 100만원 정도는 기본으로 빠져나갈 테고 보험료와 학원비 등의 지출을 더해 생활비 300만원 정도라면 평균 가정의 모습이다. 200만원 정도가 남는다면 아주 훌륭하다고 볼 수 있다.

얼마 전 상담했던 한 가정의 예를 살펴보자. 기계공학 박사인 40세 A씨는 연봉이 9000만원이고 독일차 BMW 520d를 몰고 다니며 회사에서 제공한 사택에 거주하고 있다. 누가 봐도 부러워할 만한 생활이다. 그래서 현재 돈은 얼마나 있을까? 놀랍게도 전혀 없다. 매월 월급을 받으면 부모님 생활비와 가족 생활비로 모두 사용되기 때문이다.

심지어 집도 없다. 사택 거주의 최대 장점이자 단점이 여기서 드러난다. 지금 당장 집을 얻기 위한 목돈이 필요하지 않으니 다른 곳에 돈을 쓴다는 점이다. 보다 못한 아내가 필자에게 상담을 요청해온 것이다. 응급실에서 중환자를 수술하듯 먼저 불필요한 지출을 모두 통제하는 것으로 1차 응급조치를 취했다.

A씨는 지금까지 무엇을 한 걸까? 결론적으로는 아무것도 한 거 없이 나이만 40이 된 셈이다. 앞으로 10년 정도 직장생활을 더 할 수 있다고 가정하면, 월급으로 10년 안에 뭔가를 준비해야 한다. 9천만원을 10년간 받으면 대략 9억원이니 향후 인생에서 받을 수 있는 총 자금이 10억원 내외다. 이 돈으로 은퇴 후 살 집과 노후에 쓸 돈도 마련해야 하는 상황이다.

또 다른 사례를 들어보겠다. 우연히 동네 도서관에서 대학 동아리 친구 B를 만났다. 아들과 함께 도서관에 왔다는 그는 30대 중반까지 외국계 회사의 회계팀에서 억대 연봉을 받으면서 해외 출장도 자주 다니는, 엘리트 직장인의 생활을 누렸다고 했다. 몇 번 이직도 했다가 큰 결심하고 귀농생활도 하다 보니 '어쩌다 40대'가 되었단다. 지금은 오너 일가가 경영하는 중소기업에서 연봉은 반으로 깎여서는 자기보다 열 살은 어린 사장 아들에게 굽신거리며 '이렇게 살아야 하나' 극한 스트레스를 받으며 지낸다고 하소연했다. 손가락만 빨고 살 수는 없으니 아침마다 억지로 출근하는 삶을 살고 있다는 친구의 이야기에 괜히 필자가 미안해지기도 했다. 연봉 1억 넘는 시절의 소비패턴을 그대로 유지한 채 연봉 5000 밑으로 살아가려니 힘들다고 하는데, 이 친구가 잘나가던 시기에 미래를 더 준비했더라면 어땠을까 하는 아쉬운 마음이 든다.

월급은 수많은 소득 중 한 방법일 뿐이다

어릴 때 부모님이나 선생님을 비롯한 주변 사람들에게서 "공부 열심히 해서 훌륭한 사람 되거라" 혹은 "공부 안 하면 더울 때 더운 데서, 추울 때 추운 데서 일하게 된다"는 류의 말들을 많이 듣고 자랐을 것이다. 실제로도 그렇다. 공부를 잘하면 좋은 직장을 얻기가 상대적으로 쉽다. 사농공상의 전통이 뿌리 깊게 박힌 대한민국에서는 책상에서 펜대 굴리며 일하는 곳을 좋은 직장으로 쳐주지만 말이다.

월급은 근로소득이다. 이 단순한 문장이 얼마나 많은 의미를 지니는

지 알아보자. 근로소득은 말 그대로 '근로'를 통해 얻는 소득이다. 일하지 않고 얻을 수 있는 다른 소득들도 있다는 뜻이다.

소득의 종류

근로소득	회사에서 일을 하고 받는 돈
사업소득	가게나 회사를 운영하거나 농사나 고기잡이를 해서 버는 돈
재산소득	가지고 있는 재산을 관리해서 버는 돈

위 표는 초등학교 4학년 2학기 사회 교과서에 나오는 내용이다. 어릴 때부터 올바른 경제 관념을 배우들이 배우는 내용이다. 이를 조금 더 업그레이드하여 성인 버전으로 소득을 구분해 보자.

개인의 경우 소득은 다음과 같이 분류된다. 소득 구분은 국세청에서 제시하는 소득 종류에 따른 원천징수 세율을 기준으로 했다.

개인이 얻을 수 있는 소득은 공식적으로 이자소득, 배당소득, 사업소득, 근로소득, 연금소득, 퇴직소득과 기타소득 총 7종류가 있다. 여기에 플러스되는 것이 일명 투자소득이다. 즉 주식이나 부동산을 거래해서 얻을 수 있는 소득까지 포함하면 총 8개다.

그러니 근로소득은 8개의 소득 방법 중 하나일 뿐이다. 다른 방법으로도 얼마든지 소득을 얻을 수 있다. 일례로 책을 집필해 인세를 받거나 P2P에 투자해서 소득을 만들 수 있다. 주식이나 부동산을 통해 수

		원천징수 대상 소득	세율	비고
개인	이자	분리과세를 적용하는 장기채권의 이자와 할인액	30%	
		비영업대금의 이익	25%	
		직장공제회 초과 반환금	기본세율	연분연승법 적용
		실지명의가 확인되지 아니하는 소득	38%	
		금융실명거래 및 비밀보장에 관한 법률 제5조 적용	90%	
		그 밖의 이자 소득	14%	
	배당	고배당 기업의 금전배분 배당소득	9%	분리과세 25%
		출자 공동사업자의 배당소득	25%	
		실지명의가 확인되지 아니하는 소득	38%	
		금융실명거래 및 비밀보장에 관한 법률 제5조 적용	90%	
		그밖에 배당소득	14%	
	사업	원천징수 대상 사업소득	3%	봉사료 5%
	근로	근로소득(연말정산)	기본세율	
		매월분 근로소득	기본세율	간이세액표 적용
		일용근로자 근로소득	6%	
	연금	국민연금 공무원연금 등	기본세율	간이세액표 적용
		이연퇴직소득의 연금수령	(이연퇴직소득세/이연퇴직소득) × 70%	
		퇴직연금 ·사적연금	3~5%	
	기타	복권당첨금	20%	3억원초과 30%
		연금계좌의 연금 외 수령	15%	
		기타소득(봉사료수입금액적용분 제외)	20%	봉사료 5%
	퇴직	퇴직소득	기본세율	연분연승법적용

익을 얻는 방법도 있다.

지금의 직장에서 평생 일하기는 불가능하듯이, 지금의 근로소득을 평생 받을 수는 없는 일이다. 하지만 소득을 얻는 방법은 여러 가지가 있다는 점을 명심하자.

무엇보다 근로소득이 중요한 이유는 명백하다. 식물이 뿌리 없이 화려한 꽃과 열매를 맺을 수 없듯이, 근로소득의 뒷받침없이 나머지 소득을 준비할 수는 없기 때문이다. 사업소득을 얻으려면 가게나 식당 등 사업을 시작하는 데 필수 비용이 필요하다. 이자소득을 얻으려면 은행에 돈을 넣어야 한다. 이러한 모든 비용과 자금의 원천이 바로 근로소득이다.

근로소득으로 평생 살아갈 수 있다면 특별한 은퇴계획도 필요하지 않다. 이 책을 통해 우리가 준비해야 하는 것은 어느 순간부터인가는 다가올, 근로소득 없는 상황이다.

근로소득은 매월 받을 수 있지만 언젠가는 분명 끊기고 만다. 이를 미리 참고하고 대비하는 것이 PLAN B의 핵심이기도 하다.

월급은 한 달 인생의 대가이지만 언젠가는 끊길 소득이다. 그리고 PLAN B의 목표는 소득이 끊기지 않고 계속 유지되게 만드는 것이다. 대박 나서 떵떵거리며 살자는 허무맹랑한 내용이 아니다. 은퇴 후 직장을 그만두어도 근로소득을 받던 이전만큼의 생활을 유지하는 것을 최소한의 목표로 두고자 한다. 그 방법에 대해서는 앞으로 계속 살펴보자.

2

근로소득은
누구나 힘들게 얻는다

회사생활은 힘들다. 누구나 그렇다. 평범한 직장인이 보기에는 한없이 편해 보이는 주민센터, 구청 공무원들도 나름의 힘듦이 있다. 업무가 과중하니까 사회복무요원(공익)도 배치하지 않겠는가. 말 나온 김에 한마디 하자면 제발 업무가 힘들다고 자살하는 일이 더는 없었으면 한다.

자살 사건들

겉으로 드러난 자살 원인은 '업무가 힘들어서'라고 한다. 분명 속사정은 그보다 훨씬 더 복잡하겠지만 말이다. 일이 힘들어서 자살하다니 정말 믿기 힘든 일이다. 일이 힘들면 다른 일을 하면 되지 않을까.

생활고로 인한 자살 사건의 머리기사다. 범인은 아내와 두 딸을 살해하고 사라졌다가 잡혔는데 겉으로 드러난 범행동기는 '생활고'라 한다. 여기까지만 보면 형편이 어려워 밥도 못 먹을 정도였나 싶지만 그렇지 않다. 경찰 조사에 따르면 2012년 말, 다니던 컴퓨터 관련 회사를 그만둔 뒤 자신 명의의 서초동 아파트를 담보로 5억 원을 대출받아 아내에게 매달 400만 원씩 생활비를 주고선 나머지는 주식에 투자했다고 한다. 회사를 계속 다니는 것처럼 보이기 위해 고시원으로 출퇴근하면서 주식에 손을 댔지만 2억7천여만원을 날려버리는 바람에 대출금 5억원 중 남은 돈은 1억3천만원 정도였다고 한다. 그 돈으로는 희망이 보이지 않아 가족을 살해했다는 것이다.

죄 없는 가족을 도대체 왜 죽였는지 알 수가 없는 노릇이다. 그리고 1억3천만원이라는 돈이 남아 있는데도 생활고라며 그런 끔찍한 범행을 저질렀다는 사실도 당최 이해가 안 된다. 서울 서초구에 아파트가 있는 상황이었다면 더 기다려야 했다. 지금 해당 지역의 집값은 평당 1억 정도이니 말이다.

힘든 회사생활을 견디며 정직하게 월급 받는 당신은 강철 멘탈의 소유자다. 그러니 제발 당부드린다. 어떤 상황이라도 자살은 절대 안 된다. 일이 너무 힘들다면 다른 직업을 찾으면 되고, 미래의 비전이 보이지 않는 듯해도 버티고 또 버티며 나아가야 한다. 삶 자체가 그러하지 않던가. 기쁜 일이 있으면 슬픈 일이 있고 위기가 있으면 기회도 오며 고통스러운 상황이 지나면 즐거운 나날도 다가온다. 참으면 분명 좋은 날이 올 것이다.

힘들게 번 돈으로 나를 위한 선물을 준비하자. 단, 그 '나'는 현재가 아닌 '미래의 나'여야 한다. 자동차, 해외여행, 명품 가방 같은 것들은 지금의 나를 위한 것이다. 주식, 부동산은 미래의 나를 위한 것이다.

회사를 그만두고 싶을 때 생각해야 할 것들

직장생활을 하다 보면 다 그만두고 '때려치우고' 싶어질 때가 많다. 말도 안 되는 상사의 지시를 받을 때, 힘들게 일한 프로젝트를 상사 이름으로 올려야 할 때, 능력도 없는데 낙하산으로 내 윗자리를 차지하고 있는 꼴을 볼 때 등. 퇴사의 가장 큰 이유는 일이나 업무가 힘들어서보다는 '인간관계'라고 한다. 일은 힘들어도 견딜 수 있지만 사람이 힘들면 견디기 어렵다.

하지만 그럴 때마다 드라마 '미생'의 명대사를 떠올리라. "회사 안이 전쟁터라고? 회사 밖은 지옥이다." 더러운 꼴 보기 싫다고 박차고 나간다면? 실직자인 자신만 남게 된다. 나만 손해다.

'자아실현을 위해' '회사의 비전이 마음에 들어서' 같은, 입사원서에 적힌 말들이 회사를 다니는 진짜 이유가 아님은 당신도 알고 나도 안다. 회사는 내가 진짜 하고 싶은 일을 할 수 있도록 월급을 주는 곳이다. 그 대가로 나는 내 노력과 시간을 제공한다. 아주 단순하고 간단한 경제원리다.

육체와 감정의 노동으로 힘들게 번 돈을 쉽게 써버리고 흘러나가도록 두는 사람은 지는 거다. 당신을 괴롭히는 직장동료보다, 상사보다 더 부유해지는 것을 목표로 삼아보라. 다음의 표에서 보듯이 95%가 넘는 직장인들이 상사와의 갈등을 겪는다. 지금 직장에서 상사와 관계가 좋지 않아 이직을 결심한다 해도, 새 직장에서 새로운 상사와 갈등을 겪을 확률이 높다는 뜻이다.

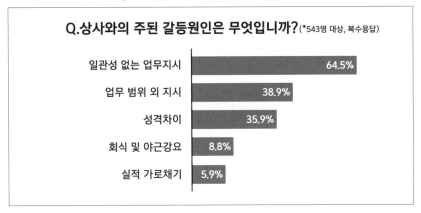

직장인 95.8% "상사와 갈등한 경험 있다!"

Q.상사와의 주된 갈등원인은 무엇입니까?(*543명 대상, 복수응답)

항목	비율
일관성 없는 업무지시	64.5%
업무 범위 외 지시	38.9%
성격차이	35.9%
회식 및 야근강요	8.8%
실적 가로채기	5.9%

출처: 잡코리아 2017년 7월

세상에 쉬운 일은 없다. '남의 돈 먹는 일'이라면 더하다. 회사생활이 당연히 고달프고 힘든 이유다. 이 와중에 월급이라도 잘 챙겨 운용하여 인생을 윤택하게 만들지 못한다면 그 괴로움이 얼마나 더하겠는가. 한 달의 수고를 월급으로 위로 받기 바란다. 그 월급으로 나중에 만들어갈 멋진 생활을 상상하면서 말이다.

3

재테크하라고
월급 주는 회사는 없다

사냥개에게는 먹이를 충분히 주지 않는다. 배가 부르면 사냥을 잘할 수 없기 때문이다. 직장인도 마찬가지다. 월급이 차고 넘치면 일을 열심히 하지 않는다. 일하기보다는 휴가를 택하고 쉬는 시간을 더 확보하고자 한다. 다음 그래프를 보자.

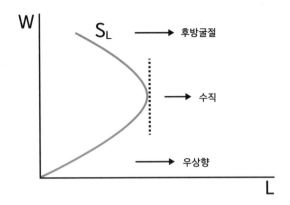

《경제학 원론》에 나오는 '노동공급곡선'으로, 급여 수준에 따라 노동량이 어떻게 변하는지를 나타낸다. 흥미로운 것은 일정 지점이 되면 급여가 높아질 때 오히려 노동공급량이 줄어든다는 점이다. 가로(L)는 노동 공급(근무시간), 세로(W)는 급여 수준이다. 일정 수준까지는 급여가 높아질수록 근무시간이 길어지는데 수직으로 표시된 지점에 도달하면 그래프의 방향이 바뀐다. 즉 급여 수준이 일정 지점을 벗어날 정도로 높아지면 노동 공급의 양이 줄어드는 것이다.

사람들은 돈을 많이 벌기 위해 열심히 일하지만, 급여가 어느 정도까지 오르면 오히려 일을 줄인다. 일을 더 많이 하지 않아도 급여가 올라 윤택한 생활이 되고, 여유가 생기니 여가를 찾게 되는 것이다. '돈 버는 것도 좋지만 좀 쉬고 싶다.' 이런 생각이 수치로 나타난다고 볼 수 있다.

회사와 기업은 좋은 인재를 확보하기 위해 나름으로 몸값을 제시한다. 받는 사람으로서는 부족하지만 대부분 회사가 줄 수 있는 최대치를 주는 것이다. 그래야 조금이라도 더 나은 인재를 영입할 수 있기 때문이다.

그나마 회사가 신입사원에게 제시하는 급여조건은 좋은 편이다. 문제는 입사 7년~10년 정도부터 연봉 인상이 거의 없다는 점이다. '잡은 물고기에게 먹이를 줄 필요가 없다'고 생각하는 건지 '네가 가긴 어딜 가겠느냐. 일할 수 있는 직장이 있다는 것에 감사하라'는 식으로 직원을 대한다. 이때는 결혼도 하고 자녀도 키워야 하는 등 본격적으로 돈이 많이 필요해지는 시기인데도 말이다. 그래도 여기까지는 '경력직'으로 다른 회사에 스카우트될지도 몰라 쥐꼬리만큼이라도 올려주기는 한다. 하지만 차장, 부장 정도 되면 '넌 경력직으로도 못 가는 신세'라는 회사의 배짱이 월급에 그대로 담긴다. 연봉 인상률이 0에 수렴하는 것이다. 대신 '억울하면 임원 되라'고 한다.

물론 회사가 정말 이런 식으로 나오지는 않는다. '회사 경영상의 어려움' '원가 절감 절실' 같은 수식어를 동원해 월급을 올려주지 않는 이유를 만들어낸다. 항상 연말이 되면 회사 경영진들은 "내년 경기가 불투명하다" "불황을 미리 대비해야 한다"라고 위협적으로 강조한다. 연봉 인상을 미리 봉쇄하려는 명분 쌓기 작업이다.

이런 상황이니 "우리 직원들의 풍요로운 삶을 위해 월급을 많이 올려주자"거나 "주식도 하고 부동산도 해야 하니 성과급을 많이 주자"라는 회사는 존재하지 않는다. 약간 과장하자면 목숨이 붙어 있을 정도의 월급만 받게 된다. 우리는 이 장단에 놀아날 수밖에 없다. 월급날이 지나 통장을 확인해보면 남은 게 별로 없다. 카드값을 갚으려면 그저 다음 달에도 열심히 일해야 한다.

당신의 은퇴 이후, 노후 생활을 위해 회사가 해주는 일은 '연금'을 내주는 것뿐이다. 당신의 급여에서 국민연금 9% 내야 할 금액 중 4.5%를 내주고, 퇴직연금 DB/DC형 중 선택해서 적립해준다. 회사는 이것만 해준다. 그것도 법이 강제하고 있기 때문에 억지로 해준다고 보면 된다.

주식과 부동산 투자도, 자녀들 학교 졸업시키고 결혼시킨 후 본인 노후준비까지, 모두 지금으로도 부족한 월급으로 해결해야 한다. '뭐 지내다 보면 어떻게든 되겠지', '승진하면 월급 많이 오르겠지' 이렇게 순진하게 생각해서 될 일이 아니다. 지금 당신의 급여와 당신 선배, 상사의 급여를 비교해보라. 그리 큰 차이가 나지 않는다. 회사는 배고픈 사냥개를 원하기 때문이다.

마지막으로 당신의 월급이 필요한 곳을 정리해보자. 다음의 그림은 정부 통계치와 NH투자증권에서 작성한 수치를 기준으로 작성된 내용이다. '자금이 좀 많이 필요하겠군' 정도로 이해하면 무리가 없다.

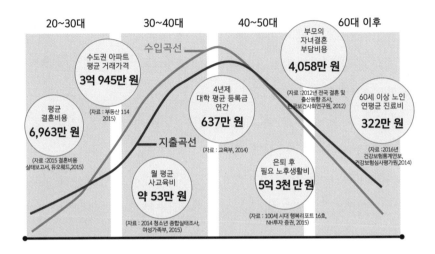

라이프사이클과 인생 필요자금

이 그림에 나타나지 않은 수치가 있다. 은퇴 후 창업자금이다. 적게는 5000만원에서 시작하는 창업자금도 월급으로 준비해야 하는 항목으로 추가해야 한다. 중간중간 주식, 부동산 투자 결과가 좋으면 굳이 월급으로 준비하지 않아도 된다.

막중한 부담감을 느껴야 할 때다. 많이 느끼자. 지금까지 준비가 부족했다는 사실을 인정하자. 문제를 문제로 제대로 인식해야 해결책을 찾을 수 있다. 지금은 자신에게 문제가 있음을 솔직하게 인정할 타이밍이다.

4

근로소득으로
모든 것을 해결해야 한다

나는 지금 근무하고 있는 회사에서 얼마나 더 일할 수 있을까? 아니, 언제까지 직업을 가질 수 있을까? 궁금해할 것 없다. 나라에서 간략하게 정리해놓았다. 2017년 말 기준으로 정년은, '신의 직장'이라 불리는 공기업을 비롯해 직원 수 300명 이상의 대기업과 중소기업까지 법으로 60세로 정해져 있다.

정년은 정해져 있다

나라에서는 적어도 60세까지는 (정규직에 한해서지만) 법적으로 고용을 보장하고 있다. 좋은 일이다. 하지만 나쁜 일도 있으니, 정년이 60세라는 사실을 뒤집어보면 회사의 오너가 아닌 이상 60세를 넘으면 일할 수 없도록 한다는 뜻이기도 하다. 회사에 엄청난 도움이 되거나 없어서는 안 되는 인재가 아닌 이상 60세까지만 근무할 수 있다.

공공기관, 지방공사 및 지방공단 및 상시 300명 이상의 근로자를 사용하는 사업 또는 사업장의 경우, 사업주는 근로자의 정년을 60세 이상으로 정하여야 하며 사업주가 그럼에도 불구하고 근로자의 정년을 60세 미만으로 정한 경우에는 정년을 60세로 정한 것으로 본다.

– 고용상 연령차별금지 및 고령자고용촉진에 관한 법률

근로자의 정년을 60세 미만이 되도록 정한 근로계약이나 취업규칙, 단체협약은 위 규정에 위반되는 범위 내에서 무효이다. 그리고 여기서 말하는 '정년'은 실제의 생년월일을 기준으로 산정하여야 한다.

– 대법원 2017. 3. 9. 선고 2016다249236 판결

순위	공기업		민간대기업		지방공기업	
1	한국조폐공사	22.5	KT	19.6	서울메트로	20.2
2	여수광양항만공사	21	여천NCC	19.3	부산도시공사	16.7
3	대한석탄공사	20.7	포스코	18	울산도시공사	15.6
4	한국철도공사	19	현대중공업	17.9	서울특별시농수산식품공사	15.5
5	한국전력공사	18.4	기아자동차	17.8	대구도시공사	15.4
6	울산항만공사	18.3	SK종합화학	17.6	부산교통공사	15.2
7	한국공항공사	18.1	현대자동차	17.5	서울특별시도시철도공사	14.9
8	한국마사회	17.4	외환은행	17	구리농수산물 공사	14.1
9	한국방송관고진흥공사	17.1	대우조선해양	16.9	광고광역시도시공사	14
10	한국중부발전	17	국민은행	16.4	경상남도개발공사	13.8

출처: 사람인, 2013년

위 표에서 보듯, 꿈의 직장인 공사와 공기업을 포함해서 우리나라 최고 대기업의 직장인들은 대략 17년~20년 정도 근무한다. 이렇게 좋은 회사에서 30년~40년 근무할 수 있다면 PLAN B 따위는 애초에 필요 없을지도 모른다.

이런 회사에서 20년 정도 근무하고 나면 다음 코스는 은퇴, 퇴직이다. 정말 운이 좋아서 재취업에 성공한다면 대략 3년 정도는 더 월급을 받을 수 있지만 그렇지 않은 경우라면 다음 달부터 소득은 제로가 된다. 국민연금이나 퇴직금을 받으니 제로는 아니라고 할 수 있을까? 국민연금은 잘해야 100만원 안팎, 퇴직금/퇴직연금은 무서워서 못 쓰는 돈, 그러다가 마음이 급해져서 뭐라도 해보려다가 사기꾼에게 걸려서 다 날리는 돈. 이렇게 정리할 수 있겠다.

법이 정한 60세를 채우고 퇴직해도 문제다. 100세 시대라는데, 앞으로 최소 30년은 더 살아야 하는데 그때까지 어떻게 버텨야 하는지 잘 모르겠다. 키워놓은 자식이 효자라면 다행이지만 사업한답시고 집에 손이라도 벌렸다 망해버리면 대책이 없다.

H모 자동차에서 근무하는 필자의 학교 후배는 근무 전환을 심각하게 고려 중이다. 평범한 사무직(해외마케팅부서라는 멋진 부서명이 있지만)으로 들어왔는데 고용불안 때문에 현장직으로 전환을 고민한다고 했다. 사무직을 계속 유지하면 부장이 되기도 전에 집에 가야 할 것 같고, 현장직으로 가면 정년까지 있을 수 있으니 고민되는 것도 당연하다. 고용불안이 주는 현실이 이렇게 냉혹하다. 이런 현실에서 20년의 근무 기간을 채우는 사람들이 위대해 보인다. 하지만 정년은 정해져 있다는 사실. 아무리 날고 기어도, 입사를 일찍 했든 늦게 했든 상관없이 60세까지만이다.

공자는 이렇게 나이를 구분하여 말했다. "나는 열다섯에 학문에 뜻을 두었고, 서른 살에 섰으며, 마흔 살에 미혹되지 않았고, 쉰 살에 하늘의 명을 알았으며, 예순 살에 귀가 순했고, 일흔 살에 마음이 하고자 하는 바를 따랐지만 법도를 넘지 않았다." 이처럼 15세를 지학(志學), 30세를 이립(而立), 40세를 불혹(不惑), 50세를 지천명(知天命), 60세를 이순(耳順), 70세를 종심(從心)이라 했는데, 73세에 세상을 떠난 공자가 요즘 같은 100세 시대를 맞이한다면 80세, 90세, 100세를 어떻게 정의할까. 아마도 지금의 대한민국을 보면 60세는 이순이 아닌 '노후'라고 명명하지는 않았을까.

가진 것은 몸뚱이와 근로소득뿐

적나라하게 말하자면, 많은 사람들이 현재 가진 것은 몸뚱이와 근로소득뿐이다. 마치 90년대 말까지 대학 졸업생들이 가진 스펙이 학교 졸업장과 운전면허증, 달랑 이 둘이었던 것과 비슷하다. 재테크를 일찍 시작했다면 집이 한두 채 더 있을 수도 있고 주식이나 펀드로 몇천만원에서 몇억원까지 보유하고 있을 수도 있다. 이런 경우는 중간과정을 생략하고 곧바로 PLAN B를 실행할 수 있다. 동남아 여행을 유럽이나 미국 여행으로 바꿀 수 있도록 지갑을 불리는 작업이 바로 가능한 것이다. 하지만 이처럼 여유(?) 있는 상황이 아니라면 PLAN B를 세워야 한다.

"속 편한 소리 하시네. 지금도 돈이 모자라 허덕이는데 플랜 비는 무슨 플랜 비?"라고 볼멘소리를 할 수도 있다. 그러나 재테크는 빠르면 빠를수록 좋다. 시간의 힘인 복리의 마법도 동원할 수 있고, 위험도 분산시킬 수 있기 때문이다. 혹시라도 늦었다면 위험을 감안해야 한다. 서서히 죽어가는 개구리가 되어서는 안 된다. 은행에 예금(적금)하면서 성실하게 재테크하고 있다며 뿌듯해하면 안 된다. 한 달에 100만원 안되는 금액을 펀드에 넣으면서 "노후준비 끝!"이라고 외치면 안 된다. 예금, 적금, 펀드는 PLAN B를 위한 기초 준비에 불과하다.

그러나 모아놓은 종잣돈이나 자산이 따로 없어도 조급해할 필요는 없다. 수익률로 만회하거나 투자자금을 늘려서 균형을 맞춰나가면 된다. 10년 전부터 한 달에 10만원씩 모았다면 지금 원금만 1200만원이다. 조금 더 노력해서 50만원씩 모았다면 원금만 6000만원이다. 앞으로 남은 시간 동안 성실하게 돈을 모아가면 좋은 기회는 분명히 온다.

그날을 위해, 그 상품을 위해 우선은 준비하자. 기본은 근로소득이다. 하늘에서 돈이 뚝 떨어지지 않는 이상 지금 받는 월급으로 노후를 준비해야 한다.

5

그러나
근로소득만으로는 불안하다

근로소득만으로는 불안하다는 점이 PLAN B를 준비해야 할 이유다. 앞서 계속 강조했듯이 한 달 월급이 몇천만원이면 특별히 노후를 걱정하지 않아도 된다. 회사를 경영하는 오너이거나 전문직도 마찬가지다. 회사에 출근하는 자체가 재테크이면서 노후대책이다.

하지만 그런 사람이 대한민국에 몇이나 되겠는가. 직장에 다니면서 주식도 좀 하고 적금도 열심히 부어서 몇천만원 통장에 넣어두는 모습이 우리네 은퇴 직전의 상황 아니겠는가. 거기에 유학이나 결혼을 앞둔 자녀가 있다면 자신의 노후준비는 잠시 잊고 자식을 위해 다 쏟아붓는다.

월급으로는 현 생활 유지에 급급하고, 앞으로 큰돈 나갈 일이 많은
데 노후까지 준비해야 하는 어려운 숙제가 우리에게 남아 있다. 녹록
지 않은 직장생활만으로도 충분히 힘들다. 그러니 노후대비 같은 골
치 아픈 문제는 뒤로 미루고 잊어버리는 게 속은 편하다.

아래 표처럼, 많은 사람들이 노후준비가 미흡한 주요 이유로 '빠듯
한 소득'과 '자녀 교육비용'으로 꼽는다.

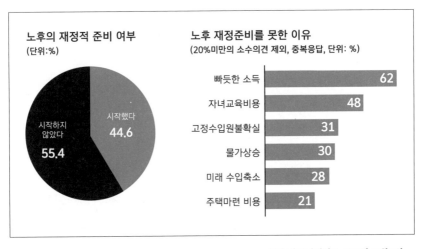

출처: 한국경제신문, 2012년 11월 7일

하지만 이는 거짓말이다. 사실은 게을러서이다. 소득이 빠듯하다고,
자녀 교육비가 많이 든다고 밥을 굶지는 않으니까. 설문 항목에 '내가
게을러서'라는 제시어가 없어서 저렇게 고상한(?) 이유들만 넘쳐나는

듯하다. 인정할 것은 인정하자. 게을러서 노후준비를 안 하는 거다. 오늘 안 해도 아무도 뭐라하지 않고 혼내거나 질책하지 않는다. 아직 발등에 불이 떨어지지 않아서 그러는 거다.

어느 은퇴자의 거짓말

한 고객과 재무상담을 하면서 자녀 교육에 대한 기본 질문을 던졌다.

"자녀 교육은 어디까지 지원해주실 생각입니까?"

그의 답은 명쾌했다. "대학교 입학금까지만 지원해주고 나머지는 알아서 하도록 신경 끌 겁니다. 저도 그랬으니까요." 멋진 답변이다.

지금 그분은 어떻게 지낼까? 큰애는 유학 보냈고 작은애는 고등학교 인근에 집을 따로 얻어서 살고 있다. 큰애 유학비는 물론 그분의 주머니에서 꾸준히 나가고 있다. 자식 이기는 부모는 없다. 자녀가 공부하고 싶어 하면 집을 팔아서라도 시켜주는 한국 부모들이다. 재무상담할 때 상대방에게 멋져 보이려고 거짓말을 하지는 말자. 몇 년만 지나면 다 들키게 되어 있다.

퇴직 예정자와 미술학원

직장 생활할 때 모시던 상사가 임원 진급에 성공했다는 소식을 들은 지 2년 후, 회사를 떠나게 되었다는 소식을 들었다. 다행스럽게도 임원에게 최소 2년의 유예기간을 주면서 사회에 적응할 수 있도록 돕는 좋은 회사였다.

우연히 연락이 닿아 근황을 여쭈었더니 신선한 답변을 듣게 되었다. "아내와 함께 미술학원 프랜차이즈를 알아보고 있습니다." 외국 출장을 다니며 글로벌 비즈니스를 하던 분이 맞나 싶었다. 프랜차이즈 가맹비는 어떻게 권리금은 어떻고 하는 이야기들을 들으며 퇴직은 지옥 같은 현실이구나 싶었다. 다행히 그분은 여의도에 아파트와 오피스텔을 하나씩 소유한 상태라 걱정할 필요는 없다. 이처럼 자산을 나름 잘 쌓아놓은 상황에서도 은퇴와 노후는 사람의 마음을 조급하게 만든다.

직장에서 받는 급여는 지금도 충분하지 않다. 그런데도 그 돈으로 현재의 생활비는 물론 향후 노후까지 모두 준비해야 한다. 대책을 세우지 않으면 생활 자체가 위험한 상황이지만 당장 노후가 눈앞에 닥친 것은 아니기에 많이들 내일로 미루고 애써 모른 척한다. PLAN B는 기본적인 노후대비용 통장을 준비함으로써 심리적 불안을 해소하고 실질적인 준비가 가능하도록 안내할 것이다.

노후대비의 가장 좋은 통장은 근로소득이다. 죽기 전까지 근무하면서 회사에서 급여를 받을 수 있다면 군이 노후대비를 할 필요는 없을 테니 말이다. 그러나 퇴직 이후 재취업하면 급여는 반 토막이 나고 기존 경력도 거의 인정받지 못한다는 점이 문제다.

재취업 중·장년층 임금수준

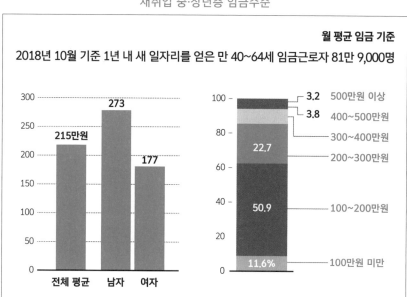

월 평균 임금 기준

2018년 10월 기준 1년 내 새 일자리를 얻은 만 40~64세 임금근로자 81만 9,000명

- 3.2 500만원 이상
- 3.8 400~500만원
- 300~400만원
- 22.7 200~300만원
- 50.9 100~200만원
- 11.6% 100만원 미만

273
215만원
177

전체 평균   남자   여자

출처: 통계청

2019년 말 통계청 발표 자료에 따르면 재취업 시 평균 215만원의 급여를 받는다고 한다. 이중 대부분인 50%는 월 100만원~200만원을, 10% 이상은 100만원 미만의 급여만 받게 된다. 이런 상황이니 퇴직 후

'생계'를 목적으로 재취업을 하면 불만스러울 수밖에 없다. 그러니 새롭게 접근해보자. 다른 통장들이 완성되어 굳이 일하지 않아도 되는데도 육체적, 정신적 건강을 위해 일을 하는 상황을 스스로 준비하는 것이다. 퇴직하고 집에만 있으면 의욕을 상실하여 심신이 쉽게 늙고 세상 돌아가는 일에 둔감해져 무기력해지기 쉽다. 취미로 직장을 다닐 수 있도록 다른 통장들을 완성시키자. 재취업 후 줄어든 급여만으로 꾸리는 생활, 자존심도 지갑도 견디기 어려울 것이다.

PLAN B

3장

기본 통장 2 – 국민연금 통장

1

국민연금
그 배반의 상품

믿었던 사람에게 배신당하면 커다란 상처를 받는다. 믿었던 국민연금도 마찬가지다. 처음 국민연금이 도입된 지 벌써 30년도 더 지났다. 당신이 30대라면 막 태어났을 시기거나 초등학교 입학 전일 테고 50 전후라면 고등학교를 막 졸업하고 대학이나 사회에 갓 진출했을 시기이니 '노후'와 관련된 국민연금은 전혀 관심의 대상이 아니었을 것이다.

당시 우리나라는 초고속 성장을 거듭하면서 '직장생활만 성실히 하면 내 집도 가질 수 있고 남에게 아쉬운 소리 안 하고 살 수 있다'는 분위기가 팽배해 있었다. '미래를 대비해서 재테크도 하고 연금도 들어야겠다'는 분위기는 2010년부터 시작되었다.

믿었던 국민연금이 어떻게 국민에게 상처를 주는지 짚어보자.

소득대체율

소득대체율은 가입자의 평균소득 대비 연금을 얼마나 받을 수 있는
지를 나타낸다. 국민연금 가입 기간의 평균소득이 300만원인데 연금
으로 매월 150만원을 받는다면 소득대체율은 50%이다. 1988년 처음
도입될 때 국민연금의 소득대체율은 70%였다. 국민연금을 성실히 납
부하면 나중에 평균소득의 70%를 받을 수 있다는 뜻이다. 당시 국민
연금 요율은 3%였다. 즉 소득의 3%만 납부하면 평균소득의 70%를 받
을 수 있는 파격적인 혜택을 약속했던 것이다. 실제로 2018년 1월에
국민연금 월 200만원 수령자가 나오기도 했다.

그럼 국민연금 소득대체율이 어떻게 변경되었는지 살펴보자.

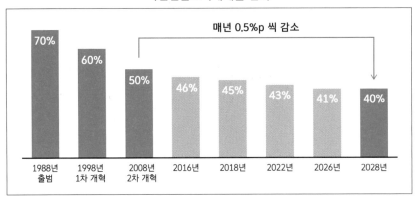

국민연금소득대체율 변화

시작은 창대했으나 점점 미약해지고 있다. 1988년 70%로 시작한 소득대체율이 20년 지난 2008년에는 50%로 줄어들더니 2028년에는 40%로가 된다는 계산이 나온다. 그렇다. 이는 당신이 연금을 받을 시점의 소득대체율이다. 그럼 소득대체율이 낮아지니 국민연금 납부금액도 줄어들까? 그렇지 않다. 현재처럼 총 9%를 회사와 본인이 반씩 내는 체제는 계속 유지된다. 어쩌면 내야 할 금액은 더 많아질지도 모른다.

국민연금 기금 고갈

이는 아주 심각한 문제다. 주고 싶어도 줄 돈이 없는 상황에 처하게
되는 것이다. 설마 그럴 일이 있겠냐고? 아마 없을 것이다. 국민연금
기금이 고갈되어 연금을 주지 못하면 그건 국가가 아니니까. 다만 수
치상으로 그럴 위험이 있다는 뜻이다. 다음 그림을 보자.

국민연금재정 전망

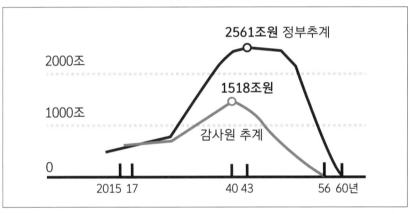

출처: 국민연금공단

앞으로 대략 20년 후인 2040년부터 적자가 시작되어 2056년, 2060
년이 되면 국민연금 기금이 고갈된다는 예상이다. 지금부터 20년, 40
년 후의 이야기니 나와는 상관없을 수도 있다. 지금 40세라면 80세가

되었을 때의 상황이니까. 그러나 이처럼 국민연금은 '고갈'을 향해 달려가고 있다는 사실을 참고해야 한다.

이러한 고갈을 막기 위해 지금보다 돈을 더 내야 하는 상황이 되는 것은 아닌지 걱정하지 않을 수 없다. 국민연금공단이 한국은행이 아닌 이상 없는 돈을 찍어서 주지는 못한다. 줄 돈이 많아지면 돈을 더 걷는 수밖에 없다.

아래는 국회예산정책처에서 계산한 내용을 간단하게 요약한 것이다.

- 소득대체율을 45% 유지 시 2060년까지 총 435조6908억원의 추가재 정소요 발생, 연평균 10조1323억원의 추가재정 소요
- 이를 늦추기 위해서는 보험료율 인상 불가피
- 현재처럼 보험료율 9% 적용 시 2058년에 적립금 소진
- 보험료율 13%로 인상 시 2072년에 적립금 소진
- 14%로 인상 시 2075년 적립금 소진
- 16%로 인상해야 2075년까지 적립금이 소진되지 않음

연금을 받을 수 있는가 하는 걱정은 40년 후에 해도 될지 몰라도, 지금 당장 내야 할 보험료가 많아질 수밖에 없다는 점이 중요하다. 현재처럼 9%(사업주 4.5% / 본인 부담 4.5%)에서 상향 조정하여 적게는 13%에서 16%까지 올려야 한다고 분석된 것이다. 최악의 경우 16%로 국민

연금 부담금이 정해지면 내 월급에서 8%가 연금납부액이 된다. 월급에서 4.5% 나가는 것도 아까운데 8%라니, 폭동이 일어날지도 모른다.

2017년 출범한 문재인 정부는 급격하게 국민연금 납부액을 올리지는 않을 것이다. 당장 기금이 고갈되는 것도 아닌데 섣불리 벌통(?)을 건드릴 필요는 없다고 판단할 테니 말이다. 하지만 마음의 준비는 하자. 향후 국민연금으로 내야 할 돈은 많아지고 받을 수 있는 돈은 적어질 것이라고 말이다. 앞으로 수년 이내에 건강보험 적자가 심해진다고 하는데 그때 정부가 어떻게 대처하는지 보고 판단하는 것도 좋다 (아마 건강보험료는 지금과 같이 조금씩 티 안 나게 꾸준히 오르지 않을까 싶다. 국민연금 납부액에 비해 비율이 작고 큰 관심사가 아니기에 가능한 일이지 않을까 예상해본다).

30년 전의 약속이 지금 어떻게 지켜지고 있는지 살펴보자. 앞서 언급했던, 월 200만원 받는 누군가의 이야기는 정말 누군가의 이야기일 뿐이다. 국민연금 첫해부터 가입하여 성실히 납부하고 여기에 국민연금을 더 받고자 수령시기를 늦추기까지 해서 얻은 금액이다. 예외라고 볼 수 있으니 일반적인 경우를 살펴보자.

(단위: 원)

구분	계 (특례제외)	노령연금						
		소계 (특례제외)	20년 이상	10~19년	소득활동	조기	특례	분할
최고	1,990,280	1,990,280	1,990,280	1,697,440	1,701,560	1,725,000	987,530	1,360,530
평균	366,550 - 443,260	384,040 -499,530	892,260	394,760	727,390	514,850	211,890	185,550

출처: 국민연금공단-국민연금공표 통계 2017년 10월 말 기준

　소득대체율 70%의 약속은 이미 깨졌다. 평균금액을 보면 대략 40만 원~50만원 사이로, 20년 이상인 경우는 89만원 내외로 집계되었다.

　필자 고등학교 졸업식 때 정문에 '서울대 입학 3명!'이라는 현수막이 걸렸던 기억이 떠오른다. 남들은 "서울대에 3명 보내다니 좋은 학교"라고 봤을지 몰라도 나는 거기에 해당되지 않았기 때문에 아무 상관없는 남의 이야기였다. 국민연금 최고액을 보지 말라는 뜻이다. 당신의 국민연금 수령액은 평균보다 조금 높거나 조금 낮을 테니 말이다. 아무리 많아도 100만원. 이렇게 정리하면 크게 틀리지 않을 것이다.

국민연금 수령 시기

'줄 돈은 최대한 늦게, 받을 돈은 최대한 빨리.' 누구나 이렇게 재산을 관리하고 싶어 한다. 개인뿐 아니라 기업도 마찬가지다. 국민연금마저도 그렇다. 바로 국민연금 수령 시기 조정인데, 한시라도 더 빨리받고 싶은 마음을 몰라도 너무 몰라준다.

국민연금 수령 시기

출생연도	노령연금	조기노령연금	분할연금
~ 1952년	만 60세	만 55세	만 60세
1953년 ~ 1956년	만 61세	만 56세	만 61세
1957년 ~ 1960년	만 62세	만 57세	만 62세
1961년 ~ 1964년	만 63세	만 58세	만 63세
1965년 ~ 1968년	만 64세	만 59세	만 64세
1969년 ~	만 65세	만 60세	만 65세

위의 표에서 당신의 출생연도를 보고 언제부터 받을 수 있는지 확인해보라. 늦게 태어날수록 늦게 받아도 된다는 식의 발상은 대체 어떻게 가능한지 모르겠다. 처음 도입할 때엔 60세 되면 국민연금을 준다더니 이제 65세는 되어야 받을 수 있다고 한다.

여기서 끝이 아니다. 1969년 이후 출생자 이후 1972년생, 다시 1975년 생까지 점점 수령시기가 늦춰져서 다시 발표되지 않을까 싶다.

너무 슬퍼하지는 말라. 우리 후배들은 더 많은 눈물을 흘릴 테니 말이다. 지금 젊은 세대는 취업난을 뚫고 사회생활을 연봉 5000만원 이상으로 시작해서 30년 성실히 납부하면 나중에 한 달 100만원의 국민연금을 받을 수 있다고 한다.

국민연금은 다방면으로 우리를 슬프게 한다. 소득대체율 70%라는 약속도 깨지고, 60세가 되면 지급한다는 약속도 깨졌다. 국민연금 재정은 불안해서 언제 상승할지 모를 일이다. 게다가 정확히 말하면 국민연금은 '국가가 보장하는 상품'이 아니다. 10년 넘게 국가보장의 필요성이 제기되고 있으나 아직 명확하게 정리되지 않은 상황이다. 국가가 보장해주면 안심되고 좋겠지만, 정부 입장에서는 '채무'로 잡히고 훗날 재정이 고갈되면 세금으로 해결해줘야 하는 부담이 크기 때문이다. 반면 군인연금, 사학연금(교직원연금), 공무원 연금은 국가에서 지급을 보장해준다.

2

국민연금을
간단히 알아보자

앞 장에서 국민연금의 배신에 대해 말해놓고 이제 와서 국민연금을 알아보자니, 조금 의아할 것이다. 국민연금에 대한 기초 사항들은 대부분 잘 알고 있을 것이다. 하지만 악마는 디테일에 숨어있다지 않던가. 모르면 당하는 몇 가지 포인트들을 살펴보자. 나중에 의도치 않게 손해 보는 일이 없도록 말이다. 일반적인 이야기는 생략하겠다.

국민연금도 공소 시효(?)가 있다

국민연금은 때가 되면 자동으로 내 통장에 입금되는 시스템이 아니다. 연금을 받을 수 있는 수급권이 발생하고 5년 안에 청구하지 않으면 받을 수 없다.

일례로 2018년 1월 1일부터 국민연금 수령이 가능한 A 씨가 '국가가 알아서 주겠지' 하고 신청하지 않고 기다리기만 하다가 10년이 지난 2028년 1월 1일에 아차 싶어 신청한다면 얼마를 받을까? 5년 이내까지는 다 계산해서 지급한다. 즉 2028년부터 5년 이전까지인 2023년 이후의 연금은 받을 수 있다는 뜻이다. 그럼 2018년부터 2022년 12월 31일까지 받았어야 할 금액은? 공중분해되어 산산이 흩어져버리고 말았다.

걷어갈 때는 내가 신청하지 않아도 알아서 잘만 가져갔지만 받을 때엔 직접 서류를 챙겨서 신청해야 하는 것이 국민연금이다. 은행은 적금이 만기되면 전화라도 열심히 해주는데, 국민연금 공단은 그렇게까지 해주진 않는다.

국민연금을 받을 때가 되었다면 다음 서류들을 잘 챙겨서 본인이 직접 신청해야 한다.

반드시 필요한 서류

· 노령연금지급청구서

· 신분증(주민등록증, 공무원증, 운전면허증, 여권, 선원수첩, 장애인복지카드[장애인등록
증])(제시로 갈음할 수 있음)

· 수급권자 예금계좌

· 도장(서명가능)

해당시 필요한 서류

부양가족연금계산대상자가 있는 경우

− 가족관계 증명서

※부양가족연금대상자가 배우자만 있는 경우 혼인관계증명서 제출로 갈음 가능

· 분할 연금 대상자가 있는 경우

− 혼인관계 증명서(상세)*제적등본 추가될 수 있음

※생계유지확인 필요시 관련서류

조기노령연금 − 30% 할인된 금액을 받는다

조기노령연금은 마치 배고픈 사람 눈앞에 음식을 갖고와 흔들면서
"먹고 싶지? 내 말 잘 들으면 먹게 해줄게"라고 하는 영화의 한 장면
같다. 국민연금(정확히는 노령연금)을 받기 전 돈이 부족한 사람들을 대
상으로 연금을 흔들며 "지금 줄까? 그럼 30% 깎아서 받는 거다?"라고
놀리는 듯하다.

연금은 크게 세 종류로 나뉜다. 노령연금, 조기노령연금, 분할연금

인데 노령연금은 비교적 정상적인 상황에서 수령 가능 연령에 도달해 연금을 받는 방법이다. 가입 기간 10년 이상에서 20년 미만까지의 가입자가 대상이다.

문제의 조기노령연금은 가입 기간 10년 이상인 가입자 중에서 60세 이전에 연금을 청구하는 경우인데, 연간 6%씩 감액하여 지급한다. 즉 59세에 연금을 신청하면 본래의 수령 가능 금액에서 6% 차감된 94%만 지급되고 58세면 88%만 지급된다. 최대 5년 이전까지 신청할 수 있으므로 6%×5해서 30% 감액된 금액을 받게 된다. 분할연금은 이혼한 경우에 해당되는데 이후에 자세히 설명하겠다.

그러니 버텨라. 버텨야 한다. 연금을 더 많이 받고 싶다면 지금 당장 신청하고 싶은 마음을 가다듬고 심호흡하며 참아야 한다. 일찍 받으면 적게 받는 만큼 늦게 받으면 더 많이 받을 수 있기 때문이다. 앞서 한 달 200만원 넘는 국민연금 수령자 사례를 살펴보지 않았던가. 그 가입자 역시 꾹 참고 기다려서 그럴 수 있었던 것이다.

국민연금을 받을 수 있는 가입자가 사망한 경우에는 유족에게 국민연금이 지급된다. 최초 3년간은 배우자의 소득에 관계없이 지급되는데 그 이후 배우자가 55세 될 때까지 월평균 소득금액이 일정 금액(2014년 기준 198만원)을 초과하면 연금지급은 정지된다. 죽으면 손해다. 나도 남은 가족도 모두 손해다. 최대한 오래 살자

일반적인 국민연금 설명

아주 일반적인 국민연금에 대한 설명이니 참고 바란다. 기본 내용은 국민연금공단 홈페이지를 참고했는데, 낯간지러운 설명이 많다.

1. 국민연금이란?
○ 국가가 보험의 원리를 도입하여 만든 사회보험의 일종으로 가입자, 사용자 및 국가로부터 일정액의 보험료를 받고 이를 재원으로 노령연금, 유족연금, 장애연금 등을 지급함으로써 국민의 생활안정과 복지증진을 도모하는 사회보장제도

2. 국민연금 제도의 변천

시기	내 용
1973. 12. 24	국민연금 복지법 공포(석유파동으로 시행 연기)
1986. 12. 31	국민연금법 공포【법률 제3902호】(구법 폐지)
1987. 09. 18	국민연금 관리 공단 설립
1988. 01. 01	국민연금 제도 실시(상시근로자 10인 이상 사업장)
1992. 01. 01	사업장 적용 범위 확대 (상시근로자 5인 이상 사업장)
1993. 01. 01	특례 노령 연금 지급 개시
1995. 07. 01	농어촌지역 연금 확대 적용
1999. 04. 01	도시지역 연금 확대 적용 (전국민 연금 실현)

2000. 07. 01	농어촌지역 특례노령연금 지급
2001. 11. 01	텔레서비스 시스템 전국 확대 운영
2003. 07. 01	사업장 적용범위 1단계 확대 (근로자 1인 이상 법인·전문직종사업장)
2006. 01. 01	사업장 적용범위 확대완료 (근로자 1인 이상 사업장 전체)

3. 국민연금 가입유형

○ 사업장 가입자

- 국민연금에 가입된 사업장의 18세 이상 60세 미만의 사용자 및 근로자로서 국민연금에 가입된 자

○ 지역가입자

- 국내에 거주하는 18세 이상 60세 미만의 국민으로서 사업장 가입자가 아닌 사람은 당연히 지역가입자가 됨

- 다만, 다른 공적연금에서 퇴직연금(일시금), 장애연금을 받는 퇴직연금 등 수급권자, 국민기초생활보장법에 의한 수급자, 소득활동에 종사하지 않는 사업장 가입자 등의 배우자 및 보험료를 납부한 사실이 없고 소득활동에 종사하지 않는 27세 미만인 자는 지역가입자가 될 수 없음

4. 국민연금 급여의 종류

연금급여(매월지급)	
노령연금	노후 소득보장을 위한 급여
장애연금	장애로 인한 소득감소에 대비한 급여
유족연금	가입자의 사망으로 인한 유족의 생계 보호를 위한 급여

일시금급여	
반환 일시금	연금을 받지 못하거나 더 이상 가입할 수 없는 경우 청산적 성격으로 지급하는 급여
사망 일시금	유족연금 또는 반환일시금을 받지 못할 경우 장제보조적·보상적성격으로 지급하는 급여

5. 국민연금의 특징

1) 소득재분배 기능

국민연금은 동일한 세대 내의 고소득계층에서 저소득계층으로 소득이 재분배되는 '세대 내 소득재분배' 기능과 미래세대가 현재의 노인세대를 지원하는 '세대 간 소득재분배' 기능이 동시에 포함되어 있음

- 세대 내 소득재분배: 국민연금의 급여계산식에서 가입자 전체의 평균소득을 포함하여 실현하고 있음. 즉 저소득층은 더 많은 연금을 받고, 고소득층은 더 적은 연금을 받게 되는 구조

- 세대 간 소득재분배: 말 그대로, 미래세대가 내는 보험료로 현재의 노인세대가 혜택을 받는 것이기 때문에 세대 간의 소득재분배 기능이 이루어짐

2) 연금의 실질 화폐가치 유지

국민연금은 물가가 오르더라도 물가상승률만큼 연금지급액이 증가하여 실질 화폐가치를 유지할 수 있음

3

슬기로운
국민연금 생활

국민연금은 국가가 알아서 가져가고 알아서 주는 방식이라서 개인의 입장에서는 할 수 있는 일이 별로 없다. 특히 직장에 다니는 동안이라면 더욱 그러하다. 국민연금을 나중에 더 받고 싶다고 더 넣을 수 없고, 아깝다고 안 낼 수도 없다. 내 급여의 4.5% 부담이 정해져 있기 때문이다.

국민연금을 더 많이 받고 싶다면 이론적으로는 2가지 방법이 있다. 첫째, 납부액을 늘린다. 둘째, 가입 기간을 늘린다. 소득대체율이 높아지면 더 많이 받을 수 있기는 하지만 가입자가 결정할 수 있는 일이 아니니 논외로 한다. 실상은 납부액이나 가입 기간조차도 마음대로 늘리기 어렵다. 내라는 대로 내고 주는 대로 받는 것이 국민연금이다.

그러나 하늘이 무너져도 솟아날 구멍은 있는 법. 국민연금을 조금 더 받을 수 있는 방법이 있기는 하니 이를 슬기롭게 활용하자.

받지 말고 버티라(연기 연금 제도)

수령 조건이 충족된다고 해서 덥석 국민연금을 받지 말자. 1회에 한 해 최대 5년 동안 연금수령을 연기할 수 있다. 그러면 연간 7.2%를 더 받을 수 있고 5년이면 7.2%×5=36%. 정해진 연금보다 36%를 더 받을 수 있다. 앞서 살펴본 조기노령연금이 30% 차감되는 것과 좋은 대비를 이룬다. 연금수령 연기는 조기노령연금과 정반대의 경우다. 5년을 버티면 30% 정도 더 받는다. 오래 살수록 이익이다. 직장생활하면서 상사에게 욕먹고 눈치 보며 힘들게 일해서 받은 월급이니 조금만 더 버텨서 더 받도록 하자.

1969년 이후 출생자는 만 65세부터 연금을 받을 수 있으니 대략 70세부터 연금을 받는 것으로 계획을 세우면 좋다. 이때 받는 연금이 '생활비'가 아니라 부동산 대출원금과 이자를 갚는 데 사용되기를 바란다. 국민연금 자체는 얼마 되지 않지만 이자를 납부하는 데에는 유용하다. 국민연금 40만원은 1억원 대출을 연 4.8%로 빌렸을 때 이자로 납부할 수 있는 금액이다. 내 돈으로 직접 이자를 내기는 아깝지만 국민연금으로 이자를 내면 뭔가 국가의 도움을 받는 듯하니 기분이 괜찮을 것이다.

특히 60세 이후에도 소득이 있는 경우라면 연기 연금 제도를 꼭 활용해야 한다. 감액을 피할 수 있기 때문이다. 국민연금을 수령할 수 있는 조건이 되었지만 일정 수준 이상의 소득이 있다면 첫해에 50% 감액되고 매년 10%씩 회복해서 5년간 원래 받을 수 있는 연금보다 적게 받게 된다. 2016년 기준 월소득이 2,105,482원을 넘는다면 이에 해당된다. 하지만 연기 연금은 연금 받는 시기를 5년 늦추면 손해 보지 않고 연금을 100% 다 받을 수 있다.

임의계속가입

국민연금은 만 18세~ 만 60세까지 의무적으로 가입하도록 되어 있다. 즉 만 60세가 넘으면 국민연금 보험료를 내지 않아도 된다는 뜻이다. 60세부터 받는 사람이나 65세부터 받는 사람이나 동일하다. 국민연금 수령은 10년, 즉 120개월 납부한 사람을 대상으로 지급한다. 이 역시 동일하다. 100개월만 납부하고 20개월이 부족하다면, 납부 금액에 약간의 이자를 붙여 일시금으로 되돌려 받을 수 있다. 이를 반환일시금이라 하며 수급요건은 아래와 같다.

반환일시금 수급요건(법 제77조)

1. 가입기간 10년 미만인 자가 60세가 된 경우 (단, 특례노령연금수급권자
는 해당되지 않음)

2. 가입자 또는 가입자였던 자가 사망하였으나 유족연금에 해당되지 않
는 경우
  - 가입자 또는 가입기간이 10년 이상이었던 자가 사망했을 때 사망 당
    시 보험료를 2/3 이상 납부하지 않은 경우
  - 1년 미만 가입장의 경우 가입중에 발생한 질병 또는 부상이 아니어
    서 유족연금이 지급되지 않는 경우

3. 국적을 상실하거나 국외로 이주한 경우
- 국외이주의 경우 거주여권소지자나 영구영주권취득자에 한함 (임시
영주권취득자는 해당되지 않음)

60세 이상이고 120개월을 채우지 못했다면 "저 돌려주세요" 해도

된다는 말이다. 중대한 선택을 해야 한다. 목돈을 잘 관리할 수 있다면 반환일시금을 받는 편이 좋고, 그렇지 않고 연금으로 계속 받는 게 편하고 안정적이다 싶으면 나머지 20개월을 채워 국민연금 수급요건을 채우는 편이 좋다. 이를 '임의계속가입'이라 한다.

노골적으로 말해서, 향후 5년 이내 본인의 사망이 예상된다면 반환일시금이 좋은 선택이고 현재 경제적으로 딱히 힘들지 않고 80세까지는 살 것 같다면 임의계속가입이 좋다.

꼭 120개월을 채워야 하는 것은 아니다. 10년간 열심히 국민연금에 납입했는데 아직 수급 연령에 도달하지 못한 경우에도 임의계속가입이 가능하다. 계속 돈을 넣으면서 연금액을 불릴 수 있다.

추후납부제도

실직, 사업중단, 경력 단절 등의 이유로 국민연금 보험료를 내지 못한 기간 만큼의 보험료를 추후에 납부할 수 있게 하는 제도다. '추납제도'라고도 한다. 지나간 기간에 대해 굳이 보험료를 납입하는 이유는 가입 기간도 늘어나고 연금 수령액도 그만큼 늘기 때문이다. 국민연금은 항상 납입을 환영하는 입장이니 추납제도는 당신에게도 국가에게도 윈윈 상황이다.

출산 크레딧

정부의 출산지원 제도는 여기에도 적용된다. 2명 이상의 자녀가 있는 경우 국민연금 가입 기간을 추가해주는 제도로, 결과적으로 가입 기간이 늘어나니 국민연금을 더 많이 받는 방법이 된다. 2008년 1월 1일 이후 자녀를 둘 이상 낳는 경우 아래와 같이 가입 기간을 추가해 준다.

아이가 둘인 경우 : 12개월
아이가 셋인 경우 : 12개월 + 18개월 = 30개월
아이가 넷인 경우 : 30개월 + 18개월 = 48개월
아이가 다섯 이상인 경우 : 50개월

부모 모두 국민연금 가입자라면 부부가 합의해서 한 사람에게 가입 기간을 몰아줄 수 있고, 공평하게 반씩 나눌 수도 있다. 국민연금을 더 받자고 아이를 많이 낳을 필요는 없다. 자녀 양육 자체에 들어가는 비용이 국민연금 혜택보다 훨씬 크니까.

4

기초연금 vs. 국민연금

어려운 노후를 보내는 노인들을 돕는 국가 제도가 있다. 바로 기초연금이다. 국민연금에 가입되어 있지 않고, 가입되어 있더라도 그 기간이 짧아 충분한 연금을 받지 못하는 노인들을 위한 제도라고 소개되어 있다.

이 제도는 지금의 청년들과 미래세대에게도 적용되어 안정적인 연금을 받도록 해주겠다고도 한다. 비록 정치인들의 포퓰리즘에서 시작되긴 했지만 기초연금이 노인들의 삶에 도움이 되는 제도임에는 분명하다.

기초연금 대상자

기초연금 제도의 대상은 다음과 같다.

기초연금은 만 65세 이상이고 대한민국 국적을 가지고 계시며 국내에
거주(「주민등록법」제6조 1, 2호에 따른 주민등록자)하는 어르신 중 가구의
소득인정액이 선정기준액 이하인 분들께 드립니다.

* 부부 중 한 분만 신청하시는 경우도 부부가구에 해당합니다.

단독가구	부부가구
1,310,000원	2,096,000

출처: 보건복지부

여기서 핵심 키워드는 '소득인정액'이다. 월 소득뿐 아니라 재산의
월 소득환산액을 합한 금액이다. 소득은 없지만 쌓아놓은 재산이 많
으면 이를 소득으로 보는데, 그 재산은 아래와 같다.

1. 무료임차소득

자녀가 부모님을 모시고 사는 경우 무료임차소득이 있다. 임차료에
상응하여 소득으로 인정하는 금액이다. 본인 또는 배우자의 주민등록
상 주소지 주택이 자녀 명의이고 시가표준액이 6억원을 넘는 경우가

이에 해당한다.

일례로 주택 시가표준액이 2018년 서울 평균 집값인 7억원이면 월소득 45만5000원으로 본다.

2. 재산의 환산평가액

고급자동차: 3000cc 이상 혹은 차량가액 4,000만원 이상의 승용차, 승합차나 이륜차를 보유한 경우 자동차값 전부가 환산평가액으로 적용되어 기초연금 대상에서 제외된다.

다만 차령이 10년 이상인 차량, 압류 등으로 운행이 불가능한 자동차 및 생업용 자동차로 소명하는 경우에는 일반재산의 소득환산율인 연 4%가 적용된다. 국가유공자나 장애인의 차량은 재산 산정에서 제외된다.

필자가 옛날에 몰던 차가 3000cc였는데 자동차등록증엔 2997cc로 나와 있었다. 이런 숨은 이유가 있었다니 자동차 회사의 배려심에 감동했다.

회원권: 골프회원권, 승마회원권, 콘도미니엄회원권, 종합체육시설 이용권, 요트회원권 등 역시 회원권 가액을 그대로 적용한다. 자동차와 마찬가지로 이러한 회원권이 있으면 역시 대상에서 제외된다.

3. 기초연금 금액

국민연금을 받지 않고 있거나, 국민연금 수령액이 31만원 미만이면 기초연금 기준연금액을 받을 수 있다. 즉 어렵고 힘든 과정을 거쳐 힘든 노인으로 인정받게 되면 20만원 정도(2018년 1월 기준 206,050원)를 매달 받을 수 있다는 뜻이다. 국민연금을 31만원 넘게 받고 있어도 기초연금 수령이 가능하다. 다만 금액이 줄어들 뿐이다.

계산방법은 복잡하니 넘어가고 결론만 요약하면 국민연금 + 기초연금액해서 총 51만원까지는 받을 수 있다. 즉 만 65세 어르신들은 51만원까지는 국가에서 지원한다고 이해하면 된다. 단, 부부 모두 기초연금을 받는다면 각각에 대하여 산정된 기초연금액의 20%를 감액한다. 소득이 많거나(월 200만원 이상) 쌓아놓은 재산이 많은(3000cc 이상 자동차나 회원권 등) 어르신들은 기초연금 자체에 해당 사항이 없다.

극단적으로 접근해보자. 65세 이상의 어려운 어르신은 국가에서 지급하는 고마운 기초연금과 국민연금을 더하면 월 51만원까지는 받을 수 있다. 고시원에서 생활 아니 생존이 가능한 금액이다. 할 수는 있다. 국민연금 계산하고 기초연금 신청하지 않도록 PLAN B를 실천해야 할 이유가 여기에 있다.

기초연금이니 국민연금이니 하는 것들은 다 잊자. 이런 것들이 없어도 전혀 상관없이 살 수 있도록 준비하자는 뜻이다.

5

그래서
국민연금 결론은?

 국가가 아무리 노력한다 해도 한계는 있다. 국민연금이 그렇고 기초연금도 그렇다. 소득 없는 노후를 국가가 보장해준다는, 멋지고 아름다운 의도에서 출발했지만 실상은 초라하다. 처음 선구안을 가지고 국민연금을 적극 활용한 일부 가입자들은 그 열매를 맛보고 있지만, 노후를 준비하는 우리에게까지 그 열매가 남아 있으리란 기대는 하기 힘들다.

 그럼 우리는 어떻게 해야 할까?

국민연금은 없다고 생각하는 게 마음 편하다

'스톡데일 패러독스'라는 말이 있다. 베트남 전쟁이 한창일 때 '하노이 힐턴' 전쟁 포로 수용소의 미군 최고위 장교이던 짐 스톡데일(Jim Stockdale) 장군의 이름에서 따왔다.

1965년부터 1973년까지 8년간 수용소에 갇혀 있는 동안, 스톡데일은 20여 차례의 고문을 당하면서 전쟁포로의 권리도 보장받지 못하고 정해진 석방 일자도 없었다. 심지어는 살아남아 가족들을 다시 볼 수 있을지조차 불확실한 상태로 전쟁을 견뎌야 했다.

그는 꼭 가족들을 다시 만날 수 있다는 희망의 끈을 놓지 않았다. 그리고 결국에는 영웅으로 귀국할 수 있었다. 어찌 보면 흔히 접할 수 있는 내용이다. 포로로 잡혀 있다가 잘 견디고 집으로 돌아왔다는 이야기. 반전은 여기에 있다. 그가 이야기하기를, 견뎌내지 못했던 사람들은 바로 낙관주의자였다는 것이다. "크리스마스 때까지 나갈 수 있을 거야"라고 말하던 사람들, 그러다가 크리스마스가 지나면 "부활절이면 나갈 거야"라고 하다가 다음은 추수감사절 그리고 다시 다음 크리스마스를 고대하는 일을 반복하다 상심해서 죽은 사람들은 끝까지 버티지 못한 낙관주의자였다.

이처럼 스톡데일 패러독스는 '낙관주의자처럼 보이는 현실주의자'를 가리킨다. '노후에 어떻게든 되겠지', '그저 다 잘되겠지'라는 안일한 생각은 당장의 위안은 줄지 몰라도 나중에 도움은 주지 못한다. 하지만 눈 감아버리고 싶은 현실을 똑바로 직시하면 고통스럽기는 해도 생존에는 분명 도움이 된다.

낙관적인 현실주의자가 되어야 한다. 그런 의미에서 국민연금은 없다고 생각하라. '나라에서 알아서 챙겨주겠지.' '지금처럼 노인을 위한 복지 차원에서 기초연금, 국민연금 받을 수 있겠지' 하는 희망으로 아무것도 준비하지 않고 플랜A, 플랜B를 실행하지 않는다면, 죽어 나갔던 포로들처럼 '정부가, 대통령이, 국가가 바뀌면 뭔가 달라지겠지' 기대하다가 상심해서 죽을지도 모르니 말이다.

국민연금, 없는 것보다는 낫지만 결코 충분하지는 않다. 사학연금이나 공무원, 군인연금은 넉넉한 생활을 보장해주지만 국민연금은 그렇지 않다. 그저 한 달에 100만원 받는다고 가정하고 미래 계획을 세우는 것이 좋다.

국민연금이 필요 없도록 시스템을 만들어야 한다

거창하게 건물주까지는 아니더라도 몇 군데에서 월세 받고 민영보험사에서 연금 꾸준히 잘 받으면 굳이 국민연금 받을 때까지 기다리지 않아도 된다. 민영보험사의 연금은 45세부터 받을 수 있으니 사회

생활 시작할 때 30살 전후해서 10년납으로 넣어두었다면 40살에 납입 완료하고 45세부터 받을 수 있다. 10년은 그리 길지 않은 시간이다. 2002년 월드컵 4강 신화, 그게 언제 적 일인가?

연금 종류별 수령시기

국민연금은 60세 이후부터 받을 수 있다. 반면 더 일찍 받을 수 있는 다른 연금상품들이 많다. 애타게 국민연금만 바라고 기다릴 필요가 없다. 지금 가입되어 있는 연금상품이 오직 국민연금뿐이라면 서둘러 다른 연금들도 준비하라. 연금보험도 넣고 퇴직연금도 추가로 납입하자. 그럴 돈이 없다고? 친구들과 술 마실 돈, 커피 마실 돈은 있지 않은가. 지금 기호식품을 잠시 참는 것이, 돈 없이 친구조차 만나러 갈 수 없는 노후를 보내는 것보다 낫다.

공짜 지하철 타고 수안보나 춘천에 놀러 가서 동년배들과 국밥 먹고 막걸리 마시고 얼큰히 취한 얼굴로 입에서 악취 풍기며 "오늘 하루도 잘 보냈다!" 하며 지내는 일이 없기를 바란다. 은퇴 이후 남은 생은 살아왔던 기간보다는 짧을 것이다. 더 멋지고 보람차게 보내기에도 바빠야 한다.

국민연금? 그런 건 유니세프나 적십자에 기부할 수 있도록 삶을 만들자. 죽기 전에 "그래도 내가 착한 일은 좀 했다"고 이야기할 수 있도록 말이다.

PLAN

4장

B

기본 통장 3 - 퇴직연금 통장

1

퇴직연금
취지는 좋았다

국민연금이 반강제적으로 월급의 일정 부분을 떼어가고 나중에 조금만 돌려주는 것처럼, 퇴직연금 역시 월급에서 일정 부분을 알아서 떼어간다. 차이가 있다면 국민연금보다 좀더 일찍 받을 수 있다는 점과, 연금을 더 받기 위해 DB/DC 중 하나를 선택할 수 있다는 정도다.

대부분의 정책은 '선하고 의로운' 의도에서 시작된다. 결과가 그렇지 못해서 아쉽지만. 퇴직연금도 도입 당시의 취지는 유익했다. 퇴직연금의 취지와 기본 구조를 알아보고, 어떻게 하면 나의 PLAN B에 도움이 될지 함께 궁리해보자.

아름다운 취지, 그 이름은 퇴직연금

퇴직연금의 도입 취지는 기존 퇴직금 제도가 가진 문제점들을 개선하기 위해서였다. 직장에서 근면 성실하게 일한 근로자가 퇴직금을 받으려 할 때 갑자기 회사가 부도 나거나 폐업하는 바람에 퇴직금을 못 받는 경우가 많았다. 또한 회사는 퇴직금을 잘 보관하고 회계장부에 기록해야 하는데, 서류상으로만 '퇴직금'을 쌓아놓고 실제 통장은 비어 있는 경우도 많았다. 사장이 말 그대로 '야반도주'를 하는 일도 있었는데 그럴 때 남겨진 근로자들은 법적 보호를 제대로 받을 수 없었다.

퇴직연금의 도입은 이러한 배경에서 출발했다. 사장이 도망가고, 회사가 망해서 문을 닫는다 해도 남겨진 근로자들은 적어도 퇴직금은 안전하게 받을 수 있어야 한다는 것이다. 이에 따라 2005년 말 퇴직금이 아닌 퇴직연금이 도입되어 지금까지 이르고 있다.

그렇다면 그 이전, 우리 선배세대의 퇴직금은 어떻게 계산되었을까? 미리 말씀드리지만, 이제 시작되는 설명은 퇴직연금의 DB 방식과 매우 유사하기 때문에 꼼꼼한 일독을 권한다. 나랑 상관없다며 그냥 넘어가지 말기를 바란다.

이전에는 퇴직 전 3개월의 평균임금과 근속연수를 기준으로 퇴직금을 산정했다.

아래의 수식이 그 계산방식이다.

$$퇴직금 = 평균임금 \times 30일 \times 총계속근로기간 \div 365$$

더 쉽게 풀어보자. 퇴직 전 3개월 평균임금이 월 700만원, 근속연수가 20년이었다면 퇴직금은 퇴사할 때 700만원 × 20년 = 총 1억4000만원이다. 세부적으로 들어가면 평균임금의 정의와 근로기간의 계산방법까지 들어가야 하지만 여기서는 생략하자. 인터넷에서 '퇴직금 계산기'를 검색하면 각종 사이트에서 자동으로 계산할 수 있다. 계산은 계산기에게 맡기고 우리는 기본 개념을 확인하자.

회사가 망해서 퇴직금을 못 받는 것도 문제였지만 가장 심각한 문제는, 퇴직금을 손에 쥔 은퇴자들이 너무나도 빈번하게 '사기꾼'들의 밥이 된다는 사실이었다. 목돈을 받고 야생과도 같은 세상에 나온 순진한 퇴직자들은, 늑대들의 손쉬운 먹잇감이 되었다.

퇴직연금이 가진 장점 중 하나는 이렇게 '순진한 양'이 되는 비극을 많이 막을 수 있다는 것이다. 반면 목돈을 한꺼번에 쥘 수 없기 때문에 하고 싶은 것을 못하게 되기도 한다. 동전의 양면처럼 퇴직연금도 장단점이 있다.

아래 표는 근로복지공단에서 작성한 퇴직금제도와 퇴직연금 제도의 비교 내용이다. 찬찬히 살펴보기 바란다.

	퇴직금제도	퇴직연금제도
퇴직금적립 (부담금)	기업내부	기업외부(금융기관)
퇴직금 운용 (부담금)	기업	기업 or 근로자
퇴직금 수령		
중간정산	불가능 (단, 법적 사유에 한해 제한적가능)	불가능 (단, 법적 사유에 한해 중도인출 or 담보대출)
수령방법	일시금 (퇴직 시 일시금으로 수령)	일시금 or 연금선택 (퇴직시 IRP계좌로 이전, 은퇴시 일시금or 연금 선택)
퇴직급여수준	퇴직시점 월평균 임금 *근속연수	DB : 퇴식 시점 월평균 임금 * 근속연수
		DC : 매년 임금총액의 1/12 이상 ± 투자손익
수급권 보장	불완전	보장(금융기관 적립분)

나는 DB일까 DC일까

기업체를 대상으로 재테크 강의를 할 때 퇴직연금 부분이 나오면 필자는 항상 똑같은 질문을 한다. "여러분들 중 본인 퇴직연금이 DB

인지 DC인지 아시는 분?"

이 질문에 자신 있게 대답하는 사람은 많지 않다. 심지어 이런 게 있다는 사실조차 모르는 사람들도 많다. 이해할 수 있다. 당장 먹고사는 문제가 아니니까, 회사 업무만으로도 바쁘고 힘든데 퇴직연금까지 알아보고 결정하기에는 귀찮기도 할 것이다. 부서장이나 총무팀이 내미는 서류에 그냥 사인만 하면 일단 퇴직연금은 알아서 가입되는데, 거기서 "어떤 것이 더 유리한가요?"라고 물으면 눈치없는 사람 취급이나 받을지도 모른다.

이번엔 이 책을 읽는 당신에게 질문하겠다. 당신은 어떤 퇴직연금에 가입되어 있는가? 몰라도 된다. 이제부터 알면 되니까.

다음 장에 이어질 내용은 DB/DC/IRP로, 퇴직연금의 종류와 특성이다. 꼼꼼히 읽어보면 대략 감을 잡을 수 있을 것이다.

2

퇴직연금
기본개요

퇴직연금의 개요를 알아보고 나의 플랜B에 어떤 도움이 되는지 판단해보자. 앞에서 DB/DC/IRP중 어떤 것에 가입되어 있는지 아느냐고 질문했는데, 이 장을 마칠 때쯤이면 확실히 구분하고 각 방식의 장단점도 파악할 수 있을 것이다.

퇴직금과 퇴직연금은 아래와 같이 분류된다.

확정급여형(DB방식)

기존의 퇴직금 제도와 90% 유사한 방식이다.

> **근로자는 확정된 퇴직급여, 사용자는 자산운용을 통한 수익기회!**
> 근로자가 받을 퇴직급여를 미리 정하고 기업에서는 이를 지급하기 위한 퇴직급여 재원을 금융기관에 적립하는 것입니다. 근로자는 퇴직시 일시금 또는 연금 형태로 퇴직급여를 받을 수 있습니다. 적립금 운용의 책임은 기업에 있으며, 기업의 부담할 금액이 운용결과에 따라 달라집니다.
>
> 출처: 우리은행 홈페이지

위의 설명을 좀 더 풀어보면, 퇴직금을 얼마 받을지 미리 정해진다는 뜻이다. 급여(Benefit) 즉 퇴직금이 확정(Defined)된다고 하여 '확정급여형(Defined Benefit)'이라는 명칭이 붙었다. 퇴직금 또는 퇴직연금의 금액은 [퇴직 시 평균임금 × 근속연수]로, 기존의 퇴직금과 같다.

근로자 입장에서는 본인이 퇴직금을 얼마 정도 받을 수 있을지 미리 손쉽게 계산할 수 있어 안정적인 생활을 설계하는 데 도움이 되고, 회사 입장에서는 퇴직연금 운용실적이 좋으면 퇴직금으로 적립해야 할 부담금(퇴직급여 재원)이 적어져서 좋다.

확정기여형 (DC방식)

기존 퇴직금제도에는 없던 퇴직연금 방식이다. 나의 퇴직금으로 적립할 기여금(Contribution)이 확정(Defined)되었다는 뜻의 명칭이다. 받을 금액이 아니라 투자원금이 정해져 있다고 보면 편리하다. 확정기여형은 퇴직금이 정해진 것이 아니라 퇴직금으로 넣을 재원이 정해진다. 회사가 내 퇴직금 재원을 펀드에 넣는다고 생각하면 이해가 쉬울 것이다.

경제 상황이 좋으면 수익률이 높아져서 원금보다 많은 퇴직금을 받을 수 있지만 그 반대의 경우도 물론 존재한다. 퇴직금이 반토막, 아니 제로가 되는 것도 '이론적으로는' 가능하다.

개인형 퇴직 연금 제도(IRP)

평생직장의 개념이 거의 사라진 현재 상황에 맞게 도입된 퇴직금 방식이다. 처음 입사한 회사에서 정년까지 맞이한다면 굳이 알 필요가 없지만, 이직을 여러 번 하는 경우 유용하게 활용할 수 있는 제도이기도 하다.

기본 개념은 간단하다. IRP는 퇴직금을 중간 정산하지 않고 매번 퇴직 시마다 별도의 통장에 적립한 다음 55세 이후에 연금이나 일시금으로 찾아 쓰는 방식이다. 즉, 근로자가 이직 혹은 퇴직할 때 받은 퇴직금을 따로 넣어둔 다음 55세 이후에 연금으로 찾아 쓸 수 있는 노후자금 통장이라 보면 된다.

3

퇴직연금
비교선택

앞에서 각 퇴직연금의 기본 방식을 살펴보았다. 이제 각 방식의 장단점을 확인하여 자신에게 가장 이득이 되는 방향을 찾아내기 바란다.

확정급여형(DB) 방식이 유리한 경우

확정급여형 방식은 '은행 적금'과 유사하다고 볼 수 있다. 이자율이 좋지는 않지만 손해볼 걱정은 하지 않아도 되기 때문이다. 어느 시점에 얼마를 받을 수 있는지 미리 알 수 있다는 점도 비슷하다.

확정급여형은 임금상승률이 높은 경우에 유리하다. 퇴직 시 평균임금을 기준으로 퇴직급여를 계산하기 때문이다. 회사에 막 입사한 신입의 급여는 직급과 마찬가지로 '막내' 수준이다. 시간이 흘러서 직급이 올라가면 급여도 그에 따라 올라가고, 높은 자리에 이르면 평균임금은 당연히 높아진다. 확정급여형은 퇴직 시 평균임금에 근속연수를 곱하는 방식이므로 신입사원 시절의 1년마저도 높아진 퇴직 시 평균임금을 적용받게 된다.

아직 젊고 근무할 수 있는 기간이 길다고 판단되면 확정급여형을 선택하는 편이 좋다. 여기에 임금상승률까지 높다면 금상첨화다. 하지만 임금상승률이 몇 % 이상이면 좋다는 식의 기준이 따로 있지는 않다. 물가상승도 고려해야 하고 퇴직연금의 다른 방식인 확정기여형의 수익률도 살펴봐야 하기 때문이다. 그래도 대략 연 10%를 기준으로 정리해보자. 연평균 임금상승률이 10% 이상이라면 확정급여형이 유리하다. 근무 기간이 충분하다는 전제 하에 말이다. 같은 직급에서는 임금상승률이 높지 않지만 직급이 올라가면 급여도 오르기 마련이다. 지금 근무하는 직장의 임금상승률을 살펴보고 향후 어디까지 올라갈 수 있을지 판단해보면 본인의 퇴직연금 규모를 계산할 수 있다.

중요한 고려사항이 아직 하나 남아 있다. 바로 임금피크제이다. 정년을 연장해줘서 좋긴 하지만 퇴직금이 줄어드는 부작용을 감내해야 한다. 예를 들어 A 씨가 DB형(확정급여형)을 선택하고 20년간 일하던 직장에서 평균임금 500만원으로 퇴직한다면 1억원(500만원×20년)을 퇴직금으로 받는다. 그런데 임금피크제가 도입되어 A 씨가 5년 더 일할 수 있지만 대신 급여는 매년 10%씩 줄어든다면? 근무기간은 5년 늘어나 25년이 되지만 퇴직 전 평균임금이 매년 10%씩 줄어들면 300만원이 조금 안된다. 결국 5년 뒤 퇴직금으로 7500만원(300만원×25년)을 받게 된다. 더 일하고 퇴직금은 2500만원이나 적게 받는 것이다.

물론 5년간 급여를 계속 받으니 더 이익일 수 있지만, 퇴직금 규모만 보면 손해인 것은 사실이다. 다행히도 이러한 경우를 막기 위해 임금피크제 직전 퇴직연금 방식을 DB에서 DC로 전환할 수 있는 장치가 있다. 기존 퇴직금은 계속 유지하면서 임금피크제 시작되는 시점에서 새로운 퇴직연금 방식 선택이 가능한 것이다.

확정기여형 (DC) 방식이 유리한 경우

확정기여형은 '증권사 펀드'와 유사하다. 수익률이 높을 수도 낮을 수도 심지어 원금 손실을 볼 수도 있다. 회사가 매월 원금은 책임지고 넣어주지만 그 결과까지 책임지지는 않는다.

확정기여형 방식이 유리한 경우는 2가지로 구분해 볼 수 있다. 경제 상황과 급여 조건이다. 우선 경제 상황을 보면 확정기여형 퇴직연금 역시 주식/펀드 등에 투자하므로 전체적인 경제 상황이 좋아야 수익률이 더 높아질 수 있다. 지금보다 향후 퇴직 시점에 코스피 지수가 더 높으리라고 판단한다면 확정기여형이 유리하다. 급여 조건을 봤을 때는 기본급이 낮고 성과급이 높다면 확정기여형이 좋다. 확정급여형을 선택하면 '평균임금'이 적용되지 않던가. 퇴직 전 회사에서 성과가 저조하여 기본급만 간신히 받는 상황이라면 받을 수 있는 퇴직연금이 적어진다. 요약해 볼 때, 성과급제 적용으로 임금상승률이 높지 않거나 향후 경제 상황이 더 나아질 것이라는 낙관적인 기대를 한다면 확정기여형이 유리하다.

우리나라의 경제 상황은 좋을 때도 나쁠 때도 있지만 긴 호흡으로 보면 점점 오르는 모양새를 띤다.

다만 코로나19로 인해 주가지수가 2020년 3월에는 1600선으로 하락하기도 했다는 사실을 인지하고, 주가가 계속 우상향한다고 믿으면 안 된다. 코로나19의 또 다른 교훈이기도 하다. 그래도 우리나라 주

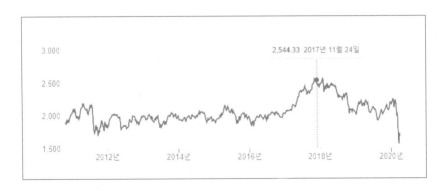

식시장은 기다리다 보면 계속 상승할 거라고 믿는다면, 확정기여형을 선택하는 것도 나쁘지 않다.

지금까지의 설명에 추가하여 각 퇴직금 방식을 아래와 같이 비교했으니 참고하기 바란다.

구분		퇴직금제도	퇴직연금제도	
			확정급여형(DB)	확정기여형(DC)
부담금주체		기업	기업	기업(개인이 DC추가납입가능)
근거법		근로기준법	근로자퇴직급여보장법	
급여형태		일시금	연금 또는 일시금	
퇴직급여 산정공식		30일분 평균임금*근속년수		연간 임금총액의 1/12 ± 운용수익
적립금 운용 및 책임		기업	기업	근로자
적립방식		사내적립이 대부분	부분 사외적립(70%이상)	전액 사외적립(100%이상)
수급권보장		불안정	부분보장	완전보장
연금수리 필요여부		불필요	필요	불필요
퇴직금 중도인출		제한적 허용 (특별한 사유가 있는 경우)	불가능 (담보대출만 가능)	제한적 허용 (특별한 사유가 있는 경우)
TAX	회사	사내적립 5%까지 손비인정	Max (일시퇴직기준, 보험수리 기준 추계액) 한도로 손비 인정	납입부담금 손비 인정
	근로자	퇴직 시 퇴직소득세 과세	IRP의무이전을 통해 과세 이연	

4

퇴직연금
결론

　퇴직연금은 회사에서 알아서 가입시키기 때문에 개인 선택의 폭은 그리 넓지 않다. 우리가 할 수 있는 것이라고는 DB/DC 중 하나를 선택하거나(이마저도 회사 노조나 총무팀에서 알아서 정하는 경우가 많지만), 퇴직할 때 IRP에 넣는가의 여부뿐이다.

　그러니 우리가 집중해야 할 부분은 '내가 퇴직금을 어느 정도 받을 수 있고, 그것은 내 노후에 얼마나 도움이 될까?'이다. 이를 함께 확인해보자.

퇴직연금, 얼마나 받을 수 있나?

DB형은 비교적 간단히 알 수 있다. 퇴직 전 3개월 평균임금×근속연수이기 때문이다. 현재 자신의 월평균 급여도, 근속연수도 알고 있으니 금방 계산이 가능하다. '꿈의' 연봉 1억원이라면 나누기 12해서 한 달 급여는 평균 834만원 정도다. 근속연수는 가장 길게 잡아 30년이라 하면 834만원×30년 = 2억5000만원 정도가 된다. 더 나아가 연봉 2억이라면 평균임금은 월 1670만원×30년해서 5억원까지 받을 수 있다. 물론 이는 꿈 같은 사례일 뿐이다. 필자가 전 직장에서 모시던 상사가 L모 그룹 전자 계열사에서 임원까지 진급했을 때 첫해 연봉이 1억5000만원이었다. 임원 생활 3년 다 채우지 못하셨고 말이다.

다음 표는 2018년 초에 발표된 기업별 평균 연봉 Top10이다.

순위	기업명	업종	평균연봉(만원)
1	하나금융지주	금융	11,100
2	S-OIL	석유 화학 에너지	11,080
3	KB금융지주	금융	11,000
4	삼성전자	전기 전자 반도체	10,700
5	SK텔레콤	IT 인터넷 통신 미디어	10,200
6	SK디앤디	기타서비스	9,800
7	LG	기타 서비스	9,700
8	SK하이닉스	전기 전자 반도체	9,615
9	삼성카드	금융	9,500
10	현대자동차	자동차 자동차부품 조선 중공업	9,400

Top으로 평가받는 기업들의 평균 연봉이 1억원 내외, 평생직장이라할 수 없기에 20년도 일하기 힘든 우리나라의 상황을 고려하면 대부분 퇴직금은 2억5000만원 이하일 듯하다. 목돈임은 분명하지만 앞으로 살아갈 20년~30년 동안 다른 소득이 없다면 이 돈만 곶감 빼먹듯 쓰며 생존해야 한다. 거금 3억원을 퇴직금으로 받는 상황은, 30년간 1년에 1000만원씩 한달에 80만원 받는다고 이해하면 쉬울 것이다.

혹시 주식시장이 좋아서 DB형이 아닌 DC형으로 수익이 좀 더해진다면 이야기는 달라질 수 있다. 그러나 금융회사들이 퇴직연금을 대단히 보수적으로 운용하고 있다는 점이 문제다. 조금이라도 손실을보면 고객 불만과 이탈이 폭주할 것이 뻔하기에 최대한 손해 안 나게끔 자금을 운용한다. 손실을 보지 않기 위해 퇴직연금을 보수적으로운용한다는 말은 수익률이 낮다는 의미이다.

퇴직연금적립금 상위 10개사 수익률(2017년 말 기준)

사업자		미래에셋대우	삼성생명	교보생명	현대차투자증권	신한은행	KB국민	우리은행	NH농협	KEB하나	IBK기업	10개사평균
적립금		7.7조	22.4조	5.8조	10.0조	16.3조	14.6조	11.7조	9.1조	10.7조	12.2조	-
수익률	DB	1.78	1.85	1.72	1.85	1.46	1.36	1.33	1.23	1.3	1.18	1.51
	DC	4.93	4.93	3	2.98	2.39	2.13	2.08	2.04	2.01	1.67	2.6
	IRP	3.9	2.19	2.67	2.04	2.04	1.95	1.6	1.57	1.7	1.33	2.1

위 표를 보면 미래에셋 대우가 DC형 퇴직연금이 5% 조금 못 미치

는 수익률로 1위를 차지했다. 다른 곳들은 대부분 2~3% 내외의 수익률을 기록했음을 보면 운용성과가 대단히 좋다고 할 수 있다. 달리 말하면 연 5% 이상의 수익률을 내기가 그만큼 힘들다는 뜻이다. 2017년이면 2000대에 갇혀 있던 박스권 코스피 지수가 2500 넘는 기염을 토하며 신기록을 이어나가던 시기였다. 연 5% 수익률도 훌륭한 것이다. DB형을 보면 (근로자가 신경 쓸 것은 없지만) 2% 넘는 곳이 아예 없다. 직관적으로 생각하면 확정기여형이라 해도 크게 기대할 수 없다. 매년 10%, 20%씩 퇴직연금 수익률이 나와준다면 노후 걱정이 크게 줄어들겠지만 그렇지 못해서 아쉬울 따름이다.

퇴직연금 결론

연봉이 1억이라 해도 퇴직하고 나면 매월 100만원 내외를 퇴직연금으로 받을 수 있다. 나쁘지는 않지만 크게 좋지도 않다. 국민연금 평균 수령액 50만원 + 퇴직연금 100만원이면 별다른 준비가 없는 경우 한 달을 150만원으로 살아야 한다. 아직 주택담보대출 원금과 이자를 갚아나가야 하고, 기본 생활비도 계속 들어가는데 말이다. 게다가 그때의 물가는 지금보다 높을 테니 체감하는 가치는 더 떨어진 상태일 것이다.

퇴직연금을 일시금으로 받을 경우 2억5000만원이면 대로변 1층 상가에 10평짜리 카페나 편의점을 차릴 정도는 된다. 60세 넘는 어르신이 계신 카페나 편의점을 사람들이 즐겨 찾을지는 논외로 치더라도 말이다. 가게가 잘된다면 다행이지만 그렇지 못하면 퇴직금은 퇴직금대로, 노후는 노후대로 망가지게 된다.

결론을 내리자. 퇴직연금만으로는 부족하다. 월급에서 나가는 국민연금, 퇴직연금으로 어느 정도는 노후준비를 하고 있다고 안심해서는 안 된다는 뜻이다.

PLAN B

5장

신규 통장 1 - 민영연금 통장

1

연금은
민영이 답이다

국민연금과 퇴직연금은 모두 법으로 정한 정부상품이다. 다들 선한 의도에서 만들어진 좋은 제도이기는 하지만 효과까지 좋지는 않다. 반면 민간 보험회사의 연금상품들은 정부의 간섭을 덜 받고 철저하게 시장의 논리에 따라 상품을 만든다. 그럴 수밖에 없는 이유가 있으니, '강제성'이 전혀 없기 때문이다. 국민연금과 퇴직연금은 반강제적으로 가입하게 된다. 월급에서 자동으로 빠져나가는 국민연금, 회사에서 알아서 적립해주는 퇴직연금은 개인이 무언가를 선택하거나 결정할 수 없는 여지가 거의 없다.

이에 비해 보험회사들은 치열한 경쟁을 통해 연금상품을 개발하고 판매한다. 100% 만족스럽지는 않지만 현실적으로 보험회사의 연금상품(이하 민영연금)이 '연금'으로서의 역할을 수행한다고 볼 수 있다.

장점 1. 내가 납입액을 결정할 수 있다

국민연금은 내 급여의 9%를 납입한다. 그중 본인이 반을 부담하고 회사에서 나머지 4.5%를 부담하는 구조다. 다만 소득상한액이라는 것이 있어 급여가 아무리 많다 해도 대략 한 달에 40만원 이상은 내지 않는다.

● 소득상한액

2020년 상반기 기준 국민연금은 최저소득 31만원과 486만원을 각각 소득하한액, 소득상한액으로 정해 놓고 있다. 월 소득이 500만원이든 1000만원이든 486만원 이상이면 일괄적으로 486만원으로 처리한다는 뜻이다. 예를 들어 월소득 500만원인 A 씨와 1000만원인 B 씨나 국민연금은 똑같이 43만7400원을 내는 것이다. 일반적인 상식으로는 더 버는 사람이 더 부담해서 수령액을 더 늘리는 것이 합리적이겠지만 국민연금은 그 성격상 '국민의 생활 보장과 복지증진을 위한 사회보장제도'이기 때문에 일반적인 계산법과는 차이가 있다.

참고로 월 급여 486만원 이상부터는 일괄적으로 44만원만 부담하니 월 급여가 이 수준을 넘어서면 그만큼 이익이다. 월 1000만원을 받는 경우 급여의 4.5%면 45만원인데 44만원만 적용되기 때문이다.

아래 표는 2020년 7월부터 적용될 기준을 나타내고 있다. 2020년 하반기부터는 물가상승을 반영하여 금액이 조금씩 조정되었다.

구 분		2019년		2020년
기준소득월액	상한액	486만 원	→	503만 원 (+17만 원)
	하한액	31만 원		32만 원 (+1만 원)
국민연금 보험료	최고	43만7400원	→	45만2700원 (+1만5300원)
	최저	2만7900원		2만8800원 (+900원)

이렇듯 국민연금은 더 내고 싶어도 그럴 수 없는 구조인 데 비해 민영연금은 본인의 능력이 되는 만큼 납입할 수 있다는 장점이 있다. 각자의 형편에 맞게 10만원에서 시작할 수 있다. 능력이 되면 월 1000만원씩도 넣을 수 있음은 물론이다.

장점 2. 수령 시기를 정할 수 있다

앞서 언급했듯 국민연금의 수령 시기는 최소 만 60세(1969년 이후 출생자는 만 65세)이다. 퇴직연금의 수령 시기는 55세부터, 주택연금도 55세부터이다. 그러나 민영연금은 45세부터 가능하다.

민영연금의 수령 시기는 가입 시 자율적으로 정할 수 있다. 게다가 연금을 개시하기 전이면 단축 및 연장도 가능하다. 상황에 맞게 연금을 받을지 나중에 더 받을지 결정할 수 있다.

장점 3. 강제저축 기능도 있다

모든 보험상품의 공통점은 중도에 해지나 해약을 하면 손해를 본다는 것이다. 연금상품도 마찬가지다. 중간에 그만두면 손해를 볼 수밖에 없다. 그런데 이 약점은 노후준비를 위해서는 장점이 되기도 한다. 손해 보기 싫은 심리가 작용하여 연금에 넣는 돈이 아깝더라도 계속 가입을 유지하는 것이다. 보험상품은 부동산과 비슷한 점이 있다. 가입하고 구매할 때는 비싼 듯하고 내가 손해 보는 것 같지만 계속 가지고 있으면 결국에는 이익이다.

연금은 길게 가야 하는, 시간과 싸우는 장기전이다. 매번 납입하기는 생각보다 어려운 일이다. 전세금을 올려줘야 하는 상황이나 차를 사는 경우처럼 예상하지 못했던 목돈이 나가기도 해서, 매달 정기적으로 연금에 돈을 납입하기는 쉽지 않다. '좀 아깝더라도 해약해서 당장 필요한 돈을 마련하자' 같은 유혹에 빠지기도 한다. 이때 '지금 끝내면 손해'라는 생각이 들어 마음을 다잡아야 한다. 조금만 더 버티면 납입 기간을 채울 수 있으니까.

주식이나 펀드는 상황이 힘들면 일부를 현금화해서 급한 불을 끌 수 있다. 하지만 보험은 그런 거 없다. 시작했으면 끝까지 가야 한다. 물론 보험에도 납입중지 기간이 있어 일정 기간 납입하지 않을 수는 있지만, 상황이 거기까지 갔다면 특별한 경우가 아닌 이상 노후준비는 물 건너갔다고 봐야 한다.

정리해보면, 시중 보험회사에서 판매하는 민영연금은 납입액과 수령 시기를 자율적으로 결정할 수 있다. 노후를 위해 얼마 정도를 투자할 수 있는지 본인이 직접 정할 수 있다는 장점이 있다. 자신이 계획하고 준비하는 PLAN B에 잘 어울리는 상품이다. 금융회사 상품 중에서 '연금' 상품은 나의 노후를 위해 현실적으로 준비할 수 있는 가장 좋은 상품이다.

민영연금은 은퇴, 노후준비의 기본이다. 지금 알고 지내는 보험설계사와 약속을 잡거나 밖에 나가기 번거로우면 인터넷으로 보험회사 홈페이지에 접속하라.

2

연금저축 vs 연금보험

연금이 좋다는 건 알겠고 연금을 들어놓으면 좋겠다는 것도 알겠다. 뭐가 좋을까 검색하니 '연금저축보험'이 있고 '연금보험'이 있는데 이 둘은 조금 다르다. 무엇을 선택하면 좋을지 망설이지 않도록 두 개의 상품을 한눈에 비교해보자.

연금저축보험: 공통점은 세금혜택, 차이점은 수익률

연금저축에는 연금저축(보험), 연금저축(펀드), 연금저축(신탁) 이렇게 3종류가 있다. 저축이라는 단어가 '은행' 상품을 연상시키는데 자산운용사, 증권사, 보험사에서도 이를 취급하고 있다. 취급하는 회사에 따라 세부적인 특성이 달라진다. 공통점부터 먼저 알아보자.

연금저축 상품 기본 개요

구분	내용
상품특징	- 소득세법에서 정한 연금수령 요건에 따라 자금을 인출하는 경우 연금소득으로 과세되는 상품으로 연간 400만원 한도 내에서 납입액의 16.5%~13.2%(지방세포함)를 세액공제 - 계약을 중도해지하거나 연금수령 이외의 방식으로 자금을 인출하는 경우 (연금수령한도를 초과한 인출 포함)기타소득세 납부로 불이익이 있을 수 있음
연금수령	최소 5년 납입 및 만 55세 이후 연금수령개시, 매년 연금수령 한도 이내에서 인출
연금수령한도	연금계좌 평가액 / (11-연금수령연차)×120%
연금외수령	연금수령 이외의 자금인출(연금수령 개시 전 중도해지 포함)인 경우는 연금외 수령
가입대상	제한없음
납입한도	전 금융기관 합산 연 1,800만 원 이내(퇴직 연금계좌 및 연금 저축계좌 포함)
세액공제	당해연도 납입액의 13.2%(지방세 포함), 종합소득금액 4,000만원 이하(근로소득만 있는 경우 총급여액 5.500만원 이하)인 경우 16.5%(지방세 포함)

가장 큰 공통점은 세금혜택이다. 연금저축이라는 4글자가 붙은 상품은 금융회사 구분 없이 연말정산 혜택이 있다. 연금저축 상품에 납입하는 금액에 대해 연간 최대 400만원(총급여 1.2억 이상이면 300만원)

까지 세액공제를 받을 수 있다. 연봉 2억원 이하인 경우 한 달에 33만 4000원 넣으면 한도를 채우고 세액공제 혜택을 받을 수 있다(총급여 5500만원 이하는 16.5% 세액공제, 총급여 5500만원 이상은 13.2% 세액공제). 계산하면 300만원 또는 400만원 한도까지 채워서 연금저축 보험에 납입하면 최소 36만원에서 최대 105만원까지 연말정산을 통해 절세할 수 있다.

물론 세상에 공짜는 없다. 세액공제라는 혜택을 받는 만큼 의무가 있다. 5년 이내 해지 시 그간 납입한 원금과 이자에 대해 16.5%의 기타소득세와 저축 불입액의 2%를 가산세로 낸다. 한 증권사 연구소에서 시뮬레이션한 결과는 다음과 같다.

항목	과세율	과세대상	과세계산	비고
기타소득세	16.50%	세제혜택금액 + 운용수익	(1,600만원 + 1.00만원)× 16.5% = 280.5만원	분리과세
해가산세	2.20%	세제혜택금액	1,600만원 × 2.2% = 35.2만원	5년 이내 해지 시 부과하는 패널티, 2013년 3월 이후 신규약 미적용
중도해지 시 총납부세금(A)			315.7만원	기타소득세 + 해지가산세
4년간 연말정산 세금환급금 합계(B)			211.2만원	년 400만원 × 13.2% × 4년
연금저축 해지 불이익			-104.5만원	(B)-(A) 세제혜택보다 납부세액이 더 크다

연금저축 가입기간 4년, 매년 400만원 납입. 매년 400만원씩 연말정산 세액공제신청(세액공제율 13.2%) 4년간 총납입금액 1,600만원, 4년간 운용구의 100만원. 현재 적립금 1,700만원 가정

출처 : NH투자증권 100세시대연구소

4년 동안 매년 400만원씩 넣고 총 211만원의 세액공제 혜택을 받았다고 가정했을 때, 해지하면 기타소득세만 280만원이 된다. 해지가산세가 없다고 해도 211만원 - 280만원이라고 하면 69만원이 순손실이다. 5년을 꽉 채우지 못한 대가가 작지 않다. 마치 조직폭력배처럼 "들어올 때는 마음대로 왔지만 나갈 때는 그렇게 안 돼"라고 협박하는 듯하다. 연금저축은 주어지는 혜택에 비해 배신(?)의 대가가 크다. 앞으로 5년간 꾸준히 잘 유지할 수 있을지 검토해야 한다.

또 하나 살펴봐야 할 점이 있다. 연금저축상품을 힘들게 5년 이상 유지하면 과연 세금이 없을까? 있다. 연금수령 나이에 따라 3.3%(80세 이상)에서 5.5%(55세 이상 69세 이하)까지 원천징수를 한다. 벼룩의 간까지 빼먹으려는 것처럼 보여 가혹하다 싶지만 "소득 있는 곳에 세금 있다"라는 국가의 기본원칙이 있으니 그런가 하고 넘어가자. 세금이 아까우면 더 나중에 받으라는 의미에서 80세가 넘으면 3.3%로 원천징수 세율을 낮춰준다는 점도 참고하자.

구분			적용세율
연금저축	연금수령	55세 이상 70 미만	5.5%
		70세 이상 80세 미만	4.4%
		80세 이상	3.3%

연금저축의 수령액이 연간 1200만원(한 달에 100만원) 넘으면 종합과세대상이 되어 소득세와 지방세를 추가 부담해야 한다는 점도 미리 알아두자.

차이점은 수익률이다. 은행과 보험회사는 보수적으로, 증권회사는 공격적으로 자산을 운용하기 때문에 수익률과 리스크에서 차이를 보인다. 3가지 스타일의 연금저축을 비교해보자.

	연금저축보험	연금저축(신탁)	연금저축펀드
판매사	보험사 은행	은행	증권사
적용금리	공시이율	실적배당	투자수익률
납입방법	정액식	자유적립식	자유적립식
원금보장	보장	보장	보장안됨
예금자보호	보호	보호	보호안됨

연금저축보험은 은행과 보험회사에서, 연금저축신탁은 은행에서, 연금저축 펀드는 증권사에서 판매한다. 먼저 적용금리를 살펴보자. 연금저축보험과 연금저축 신탁은 보험사와 은행에서 판매하니 원금도 보장되고 예금자보호도 된다. 연금저축보험은 공시이율(2020년 현재 대략 1% 내외)이 적용되고 나머지 연금저축 상품은 운용실적에 따라 플러스도 마이너스도 될 수 있다는 점이 다르다. 연금저축 펀드를

살펴보면 일반 펀드상품과 크게 다르지 않다. 증권사에서 판매하고 금리도 투자수익률이 적용되며 심지어 원금보장이나 예금자보호도 받지 못한다. 하지만 뭐가 좋고 나쁘다고 단언할 수는 없다. 자기 상황에 맞게 선택하면 된다.

연금보험 – 보험회사 일반 연금은 천천히 비과세

연금저축상품이 아닌 일반 연금보험 상품은 13%니 15%니 하는 화려한 세액공제 혜택이 없다. 다만 10년 이상 납입하면 비과세혜택을 받을 수 있다. 당장 지금의 세금혜택이 없지만 훗날 연금을 받을 때 비과세혜택을 받을 수 있는 것이다. 연금을 받을 때 3%, 5% 등의 세금이 없고 보험회사에 넣어둔 원금에 붙은 이자에 대한 세금도 없다. 적금 이자가 15.4%임을 감안하면 이것도 장점이다.

선택의 가이드라인

연금저축이 어떻고 연금보험이 어떻다는 이야기를 들어도 '그래서 대체 어떤 걸 선택하라는 말이야?' 싶을 것이다. 그래서 어떤 상품을 선택하면 좋을지 가이드라인을 정리했다. 자신의 상황을 고려해서 적합하게 선택하기 바란다.

1. 연금저축(신탁, 펀드, 보험)에 가입하면 더 좋은 경우

해고의 두려움이 없는 직장인이라면 연금저축이 더 유리하다. 다만 앞에서 살펴보았듯, 중도에 해약하면 무시무시한 복수가 기다리고 있으니 최소 5년 동안은 상품을 유지할 수 있어야 한다. 아직 젊고 적어도 10년 정도는 무난하게 직장생활을 할 수 있는 상황이라면 연금저축에 가입하는 편이 좋다.

급여구조가 일정하지 않고 소득이 불규칙한 사람도 연금저축 상품이 낫다. 연금저축펀드와 연금저축신탁은 '자유납입'이 가능하기 때문이다. 매월 33만원씩 꾸준히 넣기는 힘들고 성과급이나 인센티브 위주의 급여구조라면, 많이 들어왔을 때 1년에 한 번 400만원 넣고 잊어버리는 것도 좋은 방법이다. 자유납입은 돈을 넣지 않는다고 "해지하실 건가요? 받아오셨던 혜택 다 토해내시겠습니까?"라는 무서운 협박을 하지 않는다.

2. 연금보험에 가입하면 더 좋은 경우

연금을 일찍 받고 싶은 사람에게는 연금보험이 유리하다. 다른 연금 상품들은 적어도 55세부터 수령이 가능하지만, 연금보험은 45세부터 받을 수 있기 때문이다. 지금 만 35세 이하라면 10년 눈 딱 감고 연금보험에 가입하면 45세부터 연금을 받을 수 있다. 45세에도 계속 회사에 다니는 중이라면 그 연금으로 적립식 펀드에 가입할 수 있고 은행 대출 이자를 갚을 수도 있다. 돈이 없어서 문제지 돈이 들어오는데 무슨 문제가 있겠는가.

당신이 능력은 좋은데 직장 환경이 해고의 두려움을 주는 곳이라면 연금보험이 좋다. 해고되면 납입일시정지를 이용할 수 있으니 말이다. 물론 연금저축펀드와 연금저축신탁이 '자유납입'이 가능하기는 하지만 자유납입은 그 특성상 강제저축의 기능을 하진 않는다.

자신의 낮은 실행력이 걱정된다면, 깨면 손해인 연금보험을 선택하는 것이 낫다. 손해를 싫어하는 인간의 심리가 강하게 작용해 '손해 보기 싫어서' 연금보험을 계속 유지하는 경우도 많기 때문이다.

3

연금보험
얼마나 받을 수 있을까?

연금을 한 달에 50만원씩 넣었는데 나중에 50세가 되어 한 달에 500만원씩 받을 수 있을까? 이론적으로는 가능하다. 변액연금이라는 펀드에 투자하는 연금상품을 들었는데 매년 1000% 정도의 기적적인 수익률을 기록한다면 말이다.

그러나 현실적으로 보면 대부분의 연금보험 상품에 적용되는 금리는 보수적이라 대박 수준은 불가능하다. 평균 연 3% 정도의 이자를 기대하면 크게 다르지 않을 것이다. 그러니 한 달에 50만원 정도 넣었다면 나중에 연금도 한 달에 50만원 받는다고 생각하면 된다. 연금저축도 그렇고 연금보험도 이런 상황에서 크게 벗어나지 못한다. 그러니 연금으로 큰 도움을 받기는 어렵다. 돈을 잘 모아두었다가 훗날 나에게 꼬박꼬박 주는 용돈이 연금보험이라고 생각하는 편이 좋다. 넣어두었던 보험료의 몇 배씩 받을 일은 없다.

얼마나 받는지 감을 잡아보자

우체국의 모 연금보험 상품을 보자. 간략하게 요약하면 40세 남자가 20년간 매월 31만원 납입하면 60세 이후부터 최소 20년간 매년 300만원을 받을 수 있다. 납입원금은 31만원 × 20년=7440만원인데 받는 금액은 1년에 300만원씩 20년간 7200만원이다.

같은 조건의 여성은 35만원이니 납입원금은 8400만원이고 받는 금액은 동일하게 7200만원이다. 부부가 하나씩 들면 한 달에 66만원씩 넣고 20년 후부터 한 달에 50만원씩 평생 받는 상품이다.

넣는 돈보다 받는 돈이 적다는 사실이 한눈에 들어오겠지만, 20년간 돈을 넣고 평생 돈을 받는다는 점에 주목하라. 80세까지 살면 원금은 회복되고 90세, 100세까지 살면 순이익이 되는 구조다. 오래 살수록 이익이기 때문에 확정된 기간 동안의 지급액은 내가 낸 돈보다 적을 수 있다. 가입 요건 및 한도액은 다음과 같다.

연금개시나이	가입나이	보험료 납입기간	보험료 납입주기
55~70세	만 15 ~ (연금개시나이-5)세	일시납 5, 10, 15, 20년납	일시납 월 납

가입한도액

0.5 ~ 3구좌(0.1구좌 단위), 1구좌 : 생존연금액 300만원

출처: 우체국보험 홈페이지

　화폐가치를 따져보자. 72의 법칙을 기억하는가? 72로 수익률을 나누면 원금이 2배 되는 기간이 산출된다는 것인데 그 반대도 마찬가지다. 수익률 대신 물가상승률로 계산하면 화폐가치가 절반으로 떨어지는 기간도 계산된다. 물가상승률을 매년 3%로 잡으면 72/3=24이니 대략 24년 후에 화폐가치는 절반으로 떨어진다.

　연금보험에 가입해 매월 31만원씩 넣으면서 잘 유지하면 20년 후에는 한 달에 25만원을 받게 된다. 화폐가치를 따져보면 대략 절반 정도만 받는다고 볼 수 있다.

일반 보험회사 상품

S생명 인터넷연금보험을 살펴보자. 홈페이지에서 간편하게 계산 결과를 알아볼 수 있다. 기본 조건을 40세 남성 10년간 매월 50만원씩 넣고 납입이 끝남과 동시에 50세부터 연금을 받는 것으로 넣어보았다.

결과는 다음과 같다. 한 달에 50만원씩 10년 동안 넣으면 연간 255만원. 한 달 기준으로는 21만원 정도 받는다. 수령 금액이 납입금의 절반도 안된다고 실망하지 말자. 10년 넣고 그 다음에는 평생 받으니까.

나의 설계		
월	50	만원
평생동안 매년 수령하는 연금액	255	만원
환급률	110.1	%
메일발송	가입하기	

이번에는 조건을 조금 달리해 살펴보았다. 30세 남성이 한 달에 50만원씩 넣고 10년 납입한 후 45세부터 연금을 받는 것으로 말이다. 결과는 매년 받는 연금액이 268만원, 한 달에 22만원 정도다. 45세가 될 때까지 15년간 50만원을 납입하면 연금액은 연 384만원, 한 달에 32만원이다.

앞서 보았던 우체국 연금과 같은 조건으로도 계산해보았다. 30세 남성이 20년간 넣고 55세부터 연금을 받는 조건이다.

연간 수령액 450만원, 한 달에 38만원 정도로 더 많다. 우체국 상품은 20년 확정상품에 비해 더 많이 준다. 여기서 주목할 부분은, 우체국 상품은 확정된 월 25만원 이외에도 공시이율의 변화에 따른 플러스 연금을 준다는 점이다. 플러스 연금이 많아지면 우체국 상품을 통해 더 많이 연금을 받을 수도 있다.

이처럼 시중 보험회사의 연금상품은 대략 55세~60부터 연금을 받기 시작하면 10년 납을 기준으로 했을 때 내가 낸 보험료의 절반 조금 넘는 금액을 평생 연금으로 받을 수 있다. 물론 실질적인 화폐가치를 따지면 위에 적힌 액면 금액들의 또 절반 정도일 것이다.

30세 남성이 한 달에 50만원씩 10년을 넣고 55세부터 연금을 받는다면 총 25년이라는 시간이 흐른 것이고 화폐가치는 절반 정도이니 현재의 화폐가치로 따지면 액면 금액 37만원의 절반 정도인 19만원 정도를 받는다고 예상할 수 있다.

혜택이 엄청 좋다고 느껴지지 않으니 '들어봐야 별거 없네'라고 생각할지도 모르겠다. 그러나 가입하는 것이 좋다. 노후에 일하지 못하는 상황에서는 어디서든 조금씩이라도 들어오는 소득이 엄청나게 중요하기 때문이다. 현금흐름을 만들어내는 것이 노후대비의 목적임을 감안하면, 일반 보험회사의 연금보험 가입은 필수다.

필자는 재테크 및 노후대비 세미나에서 이렇게 말한다. 한 달 카드값 정도를 연금에 넣으면 된다고. 10년 정도 꾹 참고 연금을 넣은 다음, 훗날 노후에 카드값을 보험회사에서 대신 내주게 하는 것이니 분명 남는 장사라고 말이다. 그리고 국민연금, 퇴직연금에 더해 보험회사의 연금까지 받으면 기본적인 소득흐름은 만들어지는 것이니 '생존'의 문제는 해결되는 셈이라는 설명도 항상 덧붙인다.

"현명한 토끼는 3개의 굴을 판다"고 한다. 현명하게 3개의 소득원천을 만들기 바란다.

4

즉시연금은
PLAN A용 상품

'즉시연금'이라는 상품이 있다. 말 그대로 돈을 넣는 즉시 다음 달부터 연금이 나오는 상품이다. 물론 목돈을 한꺼번에 넣어야 한다는 조건이 있다. 즉시연금은 노후대비 상품으로 설계되었지만 자산가들의 절세상품으로 악용(?)되기도 했다. 2013년에 절세혜택이 축소되면서 그 인기는 줄어들었다.

혹시라도 목돈이 생기면 즉시연금에 넣고 안전하게 연금으로 바꿔서 노후준비를 하고자 한다면 재고하기를 권한다. 냉정하게 이야기하면 즉시연금은 금수저나 은수저들이 세금 아끼면서 재산을 물려주는 상품, 즉 PLAN A용 상품이다. 그렇다 하더라도 즉시연금의 기본은 살펴보고 각자 판단해보자.

즉시연금의 기본 개요

즉시연금은 가입하자마자 다음 달부터 바로 연금을 받을 수 있는 상품이다. 5년 10년간 매월 얼마씩 보험료를 내는 것이 아니라 한꺼번에 목돈을 넣고 조금씩 연금을 받는다.

즉시연금 홍보 내용

가입 다음 달부터 연금을 매월지급

즉시연금형 선택시
계약일 이후 1개월이
지난 후부터 연금 지급 게시

실세금리에 연동한 안정적 연금지급

고금리시대에는 실세금리로,
저금리시대에는 최저보증이율로
계산된 연금을 지급

탄력적인 자금운용

추가납입 및
적립액의 중도인출 가능
(거치연금형에 한함)

보험차익 비과세 혜택 가능

관련세법에서 정하는 요건에
부합하는 경우 보험차익
비과세 혜택 가능

출처: 우리은행 홈페이지

홍보 내용을 보면 4가지 장점이 있다고 한다. 가입 다음 달부터 연금을 매월 받을 수 있고, 금리도 연동되어 안정적인 지급이 가능하다. 중도인출도 가능해서 자금을 탄력적으로 운용할 수 있고, 일정 요건을 충족하면 보험차익 비과세 혜택도 가능하다고 홍보하고 있다. 자, 이렇게 좋은 장점들이 있다는 것은 알겠는데, 진짜 우리의 관심사는 따로 있지 않은가. "그래서 얼마를 받을 수 있는 거야?" 이제 그것을 살펴보자.

55세의 남자가 1억원의 목돈을 즉시연금에 가입하고 바로 연금을 받는다고 가정하자. W은행의 '무배당 바로받는 연금보험Ⅱ' 상품은 아래의 표에 정리된 바와 같이 연금을 지급한다고 소개한다.

	구분	종신형	만기형			
			10년	15년	20년	30년
상속연금형	최저보증이율	매월 9만원	매월 7만원	매월 7만원	매월 8만원	매월 8만원
	평균공시이율과 공시이율 중 낮은 이율 (2.52%)	매월 19만원	매월 17만원	매월 18만원	매월 18만원	매월 18만원
	현재공시이율 2.52%	매월 19만원	매월 17만원	매월 18만원	매월 18만원	매월 18만원

2018년 2월 말 현재 공시이율 2.52%를 적용하면 12년~30년까지 매월 35만원~48만원 정도를 받다가 보증기간 이후에는 사망 시까지 매월 20만원 내외를 받을 수 있다. 간략하게 정리하면 한 달에 최대 50만

원을 30년 동안 받다가 보증시점이 지나면 매월 20만원으로 금액이 줄어든다.

상속연금형 방식도 있다. 원금은 안전하게 두고 목돈에 대한 이자만 꾸준히 받다가 원금은 사망 시 지정한 사람에게 상속되도록 설계된 상품이다. 이자만 받기 때문에 연금액이 낮게 느껴진다.

금액을 살펴보면 대략 20만원 미만이다. 1억원에 대한 정기예적금 이자 정도만 쳐주는 것이다.

즉시연금의 지급방식은 종신연금형도 있고 상속연금형도 있어서 금액이 위 도표 외에도 여러 가지가 있지만 굳이 다 살펴보지 않아도 된다. 즉시연금의 가장 강력한 경쟁상대인 '수익형 부동산'과 비교해 보면 답이 명확하기 때문이다.

1억으로 연수익률 5%의 오피스텔을 매입하면 매월 한 달에 42만원 정도 받을 수 있다. 금액을 보면 즉시연금과 크게 다르지 않다. 위에 나타난 종신연금은 내가 낸 돈을 잘 불려서 나에게 계속 지급하는 구조다. 시간이 지나면 내가 낸 원금이 줄어드는 것이다. 보험회사는 내 목돈을 잘 굴리면서 나에게 계속 연금을 주고, 시간이 많이 흐르면 원금은 줄어들게 된다.

반면 오피스텔로 대표되는 수익형 부동산은 원금이 어디 가지 않고 계속 건물로 남아 있다. 같은 1억원이라 했을 때 즉시연금은 시간이 흐를수록 원금이 줄어들지만 건물은 남는다. 즉시연금은 연금이 개시

되면 상품을 해약할 수 없다. 가입하고 다음 달부터 연금을 받기 시작했는데 6개월 후에 급하게 목돈이 필요하다면? 종신연금형은 해약이 불가능하지만 상속연금형은 가능하다.

원금이 줄어드는 종신연금과 원금이 계속 부동산의 형태로 남아있는 수익형 부동산, 선택은 어렵지 않다. 수익형 부동산일 수밖에 없지 않은가. 그렇다면 그 똑똑한 보험회사에서 왜 굳이 이런 상품을 출시했을까 궁금해진다.

즉시연금에 가입해야 하는 경우

집안이 화목하지 못한 자산가 집안이 있다. 자식은 사업해야 하니 돈 달라며 심지어 유산을 미리 내놓으라고 성화다. 이런 상황에서 즉시연금은 부모에게 해결책이 될 수 있다. 즉시연금에 넣었기 때문에 계약 해지도 어렵고 매월 일정 금액만 연금으로 받을 수 있다고 이야기할 수 있으니 말이다. 통장에 있는 내 돈을 혹시라도 가족이 나 몰래 빼 쓸지 모른다고 걱정된다면 즉시연금에 가입해야 한다. 가족 중 누군가 내 공인인증서와 비밀번호를 알고 있다 해도 손댈 수 없는 상품이다. 즉시연금은 종신연금형의 경우 연금 개시되면 해지가 불가능하기 때문이다.

2013년 이전에는 즉시연금을 통해 상속세와 증여세를 절세할 수 있었다. 이미 지난 일이니 자세한 설명을 할 필요는 없지만, 간략히 정리하면 계약자 및 수익자를 부모로 하고 자녀가 피보험자인 상태에서 부모가 사망하면 자녀가 계약자 및 수익자의 지위를 상속받아 남은 기간의 이자와 원금을 수령하게 된다. 이때 상속재산에 포함되는 보험금이 할인되어 계산되기 때문에 상속세 절세가 가능했다. 계약자를 자신으로 하고, 연금을 받는 수익자를 자녀로 하면 현금 증여가 아닌 보험금 증여가 되어 증여세도 절세할 수 있었다. 국가가 그리 허술하지는 않기에 이러한 보험을 이용한 절세방안에 대해 2013년 세법개정을 통해 변칙적 절세가 불가하도록 조치했다.

즉시연금은 자산가들이 주로 애용하던 절세 수단이었다. 지금은 절세 대신 '마음 편하게 연금 받고 싶은 경우'에 많이 선택하는 상품이다. 부동산을 세놓고 관리하며 월세 받는 게 귀찮고 싫다거나 건강상태가 좋지 못하여 자산관리를 세심하게 할 수 없는 경우를 뜻한다. PLAN B를 준비하고 조금이라도 더 효율적인 삶을 추구한다면 즉시연금은 아주 오랫동안 그림의 떡으로 남아 있어야 한다. 언젠가 원하는 자산을 형성해서 포트폴리오 차원에서 '한 2억원 넣어볼까' 하는 상황이 아니라면 그때까지 즉시연금은 나와는 상관없는 상품이라 생각하는 것이 좋다.

굳이 하지 말라는 설명을 길게 한 이유는, 이 상품에 '연금'이라는 명칭이 붙어 있기 때문에 혹시나 관심을 가지고 가입할까 봐 그렇다. 즉시연금은 목돈을 불리는 기능이 아니라 안전하게 지키면서 곶감 빼 먹듯 조금씩 줄어드는 상품이다. 현재의 목돈을 더 잘 불려서 더 큰 목 돈으로 만들기 위해서는 피해야 할 상품이다. 과거와 같은 쏠쏠한 절 세 혜택도 없어서 최근에는 부자들도 잘 가입하지 않는다.

PLAN B

6장

신규 통장 2 - 주식/펀드 통장

1

연금처럼 받는
금융상품이 있다

주식과 펀드는 한마디로 정리하기 어렵다. 주식시장의 경우 우리나라에 주식투자를 할 수 있는 회사만 해도 코스피 800개, 코스닥 1400개로 총 2200개 정도다. 그 많은 회사들의 주식에 대해 간략히 요약하기란 사실상 불가능에 가깝다. 펀드는 또 어떠한가? 2019년 말 기준 펀드가 대략 2만여 개 있다. 말 그대로 돈이 될 만한 것들이라면 주식, 펀드, 채권 및 부동산에 마구 투자하는 것이 기본 속성이다.

주식이나 펀드에 투자하는 투자자들의 기본 마인드는 "무릎에 사서 어깨에 팔겠다"이다. 주식, 펀드 투자법에 있어 가장 쉽지만 가장 어려운 원칙이기도 하다. 어디가 무릎인지, 어깨인지 아무도 알려주지 않고 순전히 자기 판단으로 결정해야 하기 때문이다.

은퇴 계획을 짜는 PLAN B에서는 주식, 펀드를 싸게 사서 비싸게 파는 것을 권하지 않는다. 한 번 사놓고 계속 보유하면서 각 상품이 가진 연금기능을 활용하는 방법을 안내하려고 한다. 사고팔고를 반복하면서 이익을 얻기보다는 주식, 펀드 중에서 연금으로 활용할 수 있는 상품특성을 이용하는 것이다.

다음에 이어질 내용은 주식을 연금처럼 활용할 수 있는 투자방법과 펀드 중에서 연금과 유사한 기능이 있는 상품들 소개이다. "이런 주식을 사면 매매차익을 많이 얻어 대박이 납니다!"가 아니라 "이왕이면 노후에 대비를 위한 이런 상품도 있습니다"라는 의미로 받아들이면 된다. 앞서 강조했듯 '대박'은 운의 영역이기 때문이다.

2

주식을 연금처럼
활용하는 포트폴리오

주식을 통해 퇴직, 노후를 준비하는 방법이 있다. 매매차익을 노리는 것이 아니다. 주식을 가지고 있으면서 정기적으로 수익을 얻을 수 있는 포트폴리오 구성을 가리킨다. 크게 두 가지인데, 첫째는 배당주를 활용하는 것이고 둘째는 REITs를 통한 방법이다.

주식: REITs와 배당주 활용

단순하게 주식 매매를 통한 차익을 얻는 것이 아니라, 주식을 계속 보유하고 있으면서 일정한 수익을 얻는 방법이 있다. 배당주가 가장 대표적이다. 인터넷 검색창에 '배당주 투자'로 검색하면 아주 많은 정보를 얻을 수 있다.

배당이란 주식을 보유한 주주에게 기업이 그 이윤을 소유지분에 따라 분배하는 것이다. 현금배당과 주식배당으로 나뉘는데, 현금배당은 말 그대로 현금으로 주주에게 이익을 분배하고, 주식배당은 배당금만큼 주식으로 주주에게 준다. 대부분의 경우는 현금배당이다. 배당을 받기 위해서는 아무리 늦어도 배당 기준일(대부분 매년 3월 31일)보다 적어도 2일 전에는 주식을 매수해야 한다. 회사의 주주인지 판단하는 시간이 이틀 정도 걸리기 때문이다.

배당성향이라는 것이 있다. 기업마다 이익의 몇 %를 주주에게 분배해주는지 나타낸다. 배당성향이 높다는 것은 이익의 많은 부분을 주주에게 나눈다는 뜻이고 배당성향이 낮다는 말은 반대로 주주에게 돌아가는 이익이 적음을 뜻한다.

하지만 배당성향이 높다고 무조건 좋은 것은 아니다. 기업은 올해뿐만 아니라 내년에도 계속 기업 활동을 이어가야 하는데, 이익이 났다고 주주들에게 다 분배해주면 만일의 경우에 대비하거나 기업활동에 필요한 투자에 소홀할 수 있다.

그럼에도 불구하고 미국 기업도 우리나라 기업도 배당성향은 꾸준히 증가하는 추세다. 기업들이 주주들의 이익을 많이 배려한다고 볼 수도 있고, 외국인 투자자들이 대주주가 되어 배당을 최대한 요구하기 때문이기도 하다.

아래 표는 배당성향이 꾸준히 상승 중인 미국 기업들이다.

25년 이상 매년 배당금을 올린 미국 기업

산업	회사명	종목코드	배당금연속인상연수	연배당률 (2018년 말)	시가총액
제약 헬스케어	존슨앤존슨	JNJ	56년	2.79%	397조원
에너지	엑손모빌	XOM	36년	4.81%	330조원
유통	월마트	WMT	45년	2.23%	302조원
소비재	P&G	PG	62년	3.12%	262조원
통신	AT&T	T	35년	7.15%	236조원
식음료	코카콜라	KO	56년	3.29%	229조원
식음료	펩시콜라	PEP	43년	3.36%	177조원
식음료	맥도날드	MCD	43년	2.61%	154조원
산업소비재	3M	MMM	60년	2.86%	126조원
소비재(담배)	알트리아 (말보로, 아이코스)	MO	49년	6.48%	105조원

출처: 한국경제신문 2019년 5월 8일

코카콜라, 3M등 우리에게 친숙한 많은 기업들이 연 3%~5% 내외로 배당을 실시하고 있다. 배당률 자체로만 보면 은행의 정기예금 금리보다 높고 웬만한 상가/오피스텔의 수익률에 가까운 수치임을 알 수 있다.

외국 기업뿐 아니라 우리나라 역시 배당주 성향이 높은 기업들이 많다.

다음 표를 보자.

10년간 배당 줄인 적 없는 고배당주

종목	업종	2018년	2019년(예상)
쌍용양회	건설, 건축	5.96	6.12
현대중공업지주	상사, 자본재	5.32	5.54
두산	상사, 자본재	4.88	4.88
한국자산신탁	은행	4.31	8.28
동원개발	건설, 건축	4.04	–
SK텔레콤	통신 서비스	4.04	4.14
한국토지신탁	은행	4.01	4.01
KT&G	필수소비재	3.85	4.04
애경유화	화학	3.59	3.59
동서	필수 소비재	3.38	–
한국철강	철강	3.29	2.96
포스코 인터내셔널	상사, 자본재	3.25	3.25
SK가스	유틸리티	3.22	3.25
오리온홀딩스	필수소비재	3.2	–
현대차	자동차	3.11	3.13
대덕전자	IT 하드웨어	3.07	3.07
한일시멘트	건설, 건축	3.04	3.04
S&T모티브	자동차	3.02	3.02

출처: KB증권

2019년 기준 10년간 배당을 줄이지 않은 우량 기업들의 목록이다. 이 회사의 주식을 가지고 있다면 미국과 비슷한 연 3%~5% 내외의 배당수익을 얻을 수 있다. 일례로 1억원어치 동서주식을 보유하고 있다면 매매 가격의 등락과 무관하게 338만원의 배당수익을 받을 수 있었다는 계산이 가능하다. 상가, 오피스텔과 크게 다르지 않은 수익률이라 할 수 있다.

주식에 투자할 때 이렇게 배당주 위주로 포트폴리오를 구성한다면 굳이 매매차익이 아니더라도 꾸준히 수익을 얻을 수 있는 방법을 찾을 수 있다.

배당주에 투자하겠다는 계획이 있다면 몇 가지 주의사항을 점검해야 한다. 우선 꾸준히 수익을 내고 있는 회사인지를 알아보라. 대주주의 입김이 작용해서 수익이 크지 않은데도 울며 겨자 먹기로 배당을 실시하는 경우도 있기 때문이다. 또한 배당성향이 일정한지도 알아봐야 할 부분이다. 배당이 일정 비율로 꾸준히 유지되는 모습이 이상적인데 어떤 해엔 많이, 어떤 해엔 아예 배당을 못하는 기업도 있다. 배당성향의 등락이 심한 기업은 매매차익을 노려보는 목적에는 적합할 수 있어도 노후를 대비하기엔 좋지 않을 수 있다.

REITs의 활용

리츠도 연금처럼 활용할 수 있는 상품이다. 보통 리츠라고 하면 부동산 펀드를 떠올리는 것이 일반적이다. 부동산에 투자한다는 점은 같지만 거래 형태에서 차이를 보인다. 리츠는 주식이고 부동산 펀드는 그 명칭대로 펀드라는 점이 다르다.

사전적 의미의 '리츠(Real Estate Investment Trusts)'란 부동산투자회사법 제2조제1호에 따라 '다수의 투자자로부터 자금을 모아 부동산, 부동산 관련 증권 등에 투자·운영하고 그 수익을 투자자에게 돌려주는 부동산 간접투자기구인 주식회사'를 가리킨다.

리츠의 기본구조

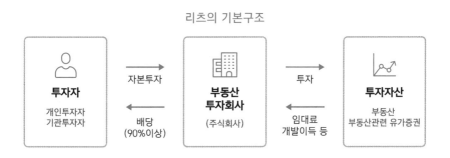

리츠의 구조를 살펴보면, 투자자들이 모은 자금으로 주식회사를 만들고 이 주식회사는 부동산에 투자하여 임대수익 등을 얻어 투자자에게 돌려준다. 주식회사 주주가 배당금을 받는 것과 비슷하다고 볼 수

있다. 리츠는 주식회사의 주식을 사는 것이기 때문에 배당금도 받을
수 있고 주가의 등락에 따라 매매차익이나 손실도 발생할 수 있다.

2019년 9월 기준 결산자료에 의하면 리츠의 배당수익률은 대략 3%
내외로 집계되었다.

종목	시총 공모규모	기초자산	상장일	배당 수익률
에이리츠	246	문래동e편한세상 주택개발사업	2011년 7월	4.8
케이탑리츠	406	9개 투자부동산 임대,운용	2012년 1월	2.1
모두투어리츠	221	3개 호텔	2016년 9월	2.8
이리츠코크렙	3,950	뉴코아 3개점, 2001아울렛	2018년 6월	5.6
신하알파리츠	3,700	용산 더프라임타워, 판교 크래프톤	2018년 8월	3.5

출처: 매일경제신문 2019년 9월 16일

리츠는 투자 대상이 주식이 아닌 부동산이기 때문에 경제 상황에
큰 영향을 받지 않는다는 장점이 있다. 다만 코로나19 사태가 심했을
때는 전세계적으로 불안감이 커져 리츠 역시 수익률이 하락하거나 매
매가격이 하락하여 손실을 보기도 했다.

2020년 3월을 기준으로 리츠들은 10%~25%의 하락세를 보였다. 아
무리 안정적으로 수익을 얻을 수 있도록 설계되었다 해도 예측하지
못한 글로벌 경제위기가 닥치면 주식도 부동산도 마이너스로 전환되

는 것은 어쩔 수 없는 일이라는 점도 명심해야 한다.

국내 상장 리츠 코로나19 이후 주가 현황

종목명	투자처	52주 신고가	현 주가	증감률
이리츠코크렙	뉴코아 야탑점, 일산점, 평촌점, 중계점, 분당점	7900원	5900원	-25.31%
신하알파리츠	판교 크래프톤타워, 원효로 더 프라임	9440원	7450원	-21%
롯데리츠	롯데백화점, 롯데아울렛, 롯데마트	7100원	5420원	-23.6%
NH프라임리츠	서울스퀘어, 삼성물산 서초사옥, 강남N타워, 잠실 삼성SDS타워	6600원	5580원	-15.4%
에이리츠	문래동 개발사업	7610원	5950원	-21.8%
모두투어리츠	스타즈호텔 명동1,2호점, 스타즈동탄·독산	3295원	2965원	-10%
케이탑리츠	판교 산운 아펠바움, 케이탑 서초빌딩 등	1020원	872원	-14.5%

출처: 뉴스웨이 2020년 3월 6일

리츠는 부동산을 주요 투자처로 하기에 전 세계가 흔들릴 정도로 커다란 위기가 아니라면 크게 불안정할 일은 없다. 꾸준히 수익을 얻을 수 있다는 점에서 노후대비로 포트폴리오에 넣어볼 만한 상품이다.

3

펀드를 활용한
연금 만들기 상품

주식은 배당주와 리츠를 통해 연금처럼 활용할 수 있다. 펀드도 이와 비슷하게 연금처럼 활용할 수 있는 펀드가 있다. TDF와 월지급식 펀드가 대표적이다. 이 펀드들의 특징은 상품 자체가 은퇴 설계와 노후에 초점을 맞추고 있다는 것이다. 일반 펀드는 매월 일정하게 넣는 적립식과 한꺼번에 목돈을 넣는 거치식 모두 어느 순간 환매를 통해 수익을 얻는 것이 목표라면, TDF는 펀드 투자에 있어 가입자의 연령에 따라 포트폴리오가 바뀌고 월 지급식 펀드는 매월 정기적으로 수익을 투자자에게 제공하는 것을 목표로 한다는 점이 다른 펀드들과 구별되는 가장 큰 특징이다.

TDF

TDF(Target Date Fund)란 투자자의 은퇴 시점을 타깃으로 하여 생애 주기에 따라 포트폴리오를 알아서 조정하는 자산배분펀드이다. 은퇴 시기를 고려하여 펀드가 알아서 생애 주기에 맞춘 솔루션 제공하는 특징을 가지고 있다. 일반 펀드는 투자자의 개별상황과는 무관하게 펀드 자체의 전략을 따라 투자가 이루어지지만, TDF는 투자자의 은퇴 시기를 고려하여 자산 배분이 바뀐다는 점이 다르다.

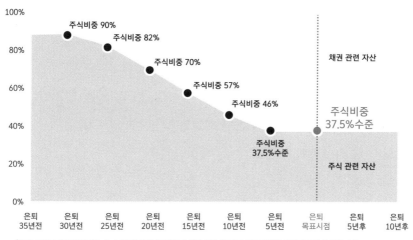

*상기 주식투자비중은 Glide Path에 따른 목표비중이며, 시장 상황 및 펀드 운용 전략에 따라 달라질 수 있습니다.

출처: KB자산운용 홈페이지

KB자산운용 상품의 경우 은퇴 35년 전부터 시작하여 은퇴 10년 이후까지 주식의 비중을 점진적으로 낮추는 자산배분 전략이다. 이렇게 주식의 비중이 점점 미끄러지듯 내려오는 현상을 '글라이드 패스(Glide Path)'라고 하는데, 은퇴를 맞이하는 시점에서 주식의 비중을 줄임으로써 위험관리에 집중하는 투자접근법이다.

TDF 자체는 연금처럼 매월 일정한 금액을 투자자에게 돌려준다거나 수익을 보장하지 않는다. 그런데도 노후대비용 펀드로 TDF를 선택해야 할 이유는 간단하다. 나의 판단이 아닌 남의 판단에 의해 내 자산이 객관적으로 배분될 수 있기 때문이다. 투자자로서의 나 개인은 시장이 좋을 때는 더 투자하고 싶고 시장 상황이 나쁠 때는 투자를 멈추고 싶어 한다. TDF는 이러한 개인의 판단과 상관없이 자산을 배분하여 위험을 분산시키고 수익률을 방어할 수 있다.

재테크나 목돈 마련이 목적이라면 주식형 펀드가 적당하지만, 은퇴를 대비하기 위해서라면 개인의 성급함을 냉정하게 바로잡아줄 TDF 펀드가 더 적합하다.

월 지급식 펀드

'월 지급식 펀드'라는 명칭이 모든 것을 설명해준다. 펀드에 투자하면 일정 금액을 매월 투자자에게 돌려준다. 일례로 AB 월 지급 글로벌

고수익 펀드는 매월 1000좌당 0.451%를 지급한다. 간단히 계산해보면 5000만원을 투자하면 1좌당 22만5500원을 묻지도 따지지도 않고 지급받게 된다(1좌당 1000원이라고 가정). 한 달에 0.45%가량이니 1년이면 투자원금의 5.4%인 270만원을 받는다.

그러나 주의해야 할 사항이 있다. 펀드 성과가 좋아서 매년 6% 넘는 수익을 얻는다면 투자자가 가져가는 매년 270만원은 아무 문제가 없다. 펀드 수익에서 270만원을 지급받으니 원금은 그대로 잘 모셔져 있다. 그러나 시장 상황이 나빠서 수익이 0%인 경우 투자자가 가져가는 금액은 내 원금을 내가 가져가는 셈이다. 투자원금 5000만원에서 270만원을 빼가니 남은 투자원금은 4730만원이다.

월 지급식 펀드는 투자자와 약정된 월 지급액 이상의 수익을 얻어야 원금이 지켜지면서 수익을 얻는 구조다. 다시 말해 펀드 자체가 손실이 나면 원금이 줄어드는 것은 물론이고 최악의 경우 전액 손실이 나면 원금도 내가 받는 지급액도 없어지게 된다. 꼬치에 곶감을 몇 개 꽂아두었는데 농사가 잘 되서 꼬치에 계속 곶감을 꽂아둘 수 있으면 다행이지만 흉년이 들면 처음에 꽂아두었던 곶감을 계속 빼내야 하고 나중엔 곶감이 아예 없어지는 상황까지 갈 수도 있다는 뜻이다.

그래도 월 지급식 펀드는 노후를 대비한 좋은 상품이다. 꾸준한 현금흐름을 만들어내면서 일정 수익률 이상을 기록하면 원금도 불어나기 때문이다. 상가로 비유하면 임대료가 꾸준히 잘 들어오면서 상가

가격도 높아지는 바람직한 상황이라 볼 수 있다.

주요 월지급식 펀드 유형과 수익률

상품(투자유형)	올해수익률	3년 수익률
AB월지급글로벌고수익(해외 하이일드 채권)	8.62	8.91
미래에셋맵스프런티어브라질월지급식부동산(해외부동산)	8.52	−16.05
블랙록월지급미국달러하이일드(해외 하이일드 채권)	9.27	10.98
피델리티월지급식글로벌배당인컴(해외 주식)	13.95	22.58
슈로더월지급글로벌멀티에셋인컴(해외 채권혼합)	5.55	0.41

출처: 에프엔가이드 2019년

2019년 여름에 발표된 자료에 따르면, 주요 월 지급식 펀드 6개 중에서 수익률이 원금을 까먹는 펀드는 없었다. 그러나 3년 수익률을 봤을 때 M에셋펀드는 마이너스 16%를 기록해서 투자자들은 원금 손실을 경험했다는 점도 눈여겨봐야 한다.

기억해둘 숫자는 6%다. 월 지급식 펀드는 매년 6%의 수익률을 기록해야 원금을 계속 지킬 수 있다. 만일 펀드 수익률이 6%를 넘지 못한다면 원금을 돌려받으면서 점점 손실이 나는 상황이 된다. 월 지급식 펀드는 수익을 투자자에게 정기적으로 지급해준다는 장점이 있지만 수익이 제대로 나지 않으면 손해를 볼 수도 있는 상품이다.

가장 좋은 접근은 꾸준한 적립식 투자를 통해 펀드 자체의 위험을 관리하면서 꾸준한 수익을 얻는 것이다. PLAN B는 현금흐름을 계속 발생시키는 것이 주요 목적인데, 월 지급식 펀드는 현금흐름의 측면에서 도움이 되는 상품이다. PLAN B의 포트폴리오에서 앞서 보았던 민영보험 통장에 더해 주식, 펀드의 월 지급 통장도 필수로 준비해야 하는 것은 물론이다.

PLAN
B

7장

신규 통장 3 – 임대수익 통장

1

차익형 부동산 vs. 수익형 부동산

은퇴를 고려했다면 부동산 자산 운영 방법으로 둘 중 하나를 선택해야 한다. 시세상승을 통해 크게 수익을 얻을지 아니면 꾸준한 임대수익을 통해 지속적인 현금흐름을 얻을지 결정해야 하는 것이다.

가장 이상적인 상황은 시세도 꾸준히 상승하면서 임대수익도 높게 받아서 두 마리 토끼를 다 잡는 것이겠지만 현실적으로 그런 부동산은 찾아보기 어렵다. 혹시 있더라도 내 차례까지 오지 않는다. 그렇게 좋은 부동산이라면 오로지 '상속'에 의해서만 소유권이 이전되기 때문이다.

차익형 부동산

지금까지 부동산 시장을 충분히 경험해 보았으니 공감할 것이다. 부동산, 특히 집값은 국가적인 위기상황을 제외하면 꾸준히 상승하는 모습이었다. 은퇴에 필요한 현금을 어느 정도 보유하고 있다면 시세 상승을 기대하며 주택을 사두는 것도 좋다.

오해의 소지를 방지하기 위해 덧붙이자면 '충분한 현금'은 대략 2년 정도의 생활비를 의미한다. 현재 기준으로 한 달에 400만원 정도 소비하고 있다면 1년에 4800만원, 2년에는 9600만원이 생활비로 지출된다. 현금으로 1억원 정도를 보유하고 있다면 주택을 매입하여 수익을 얻을 수 있다. 1년도 3년도 아닌 2년으로 정한 이유는, 양도소득세 계산에 있어 '투기' 여부를 가리는 기간이라 할 수 있기 때문이다. 즉 매입하고 2년 안에 매도하면 중과세되기 때문에 가급적이면 2년 이상 보유하기로 계획을 잡는 것이 좋다. 2년의 생활비는 이러한 계산에 근거한다.

2020년부터 적용되는 부동산 양도세율은 다음의 표와 같다. 부동산 관련 세금은 부동산 대책이 발표될 때마다 변경되므로 주택을 매입하고 매도하는 시점마다 세금 관련 사항을 꼼꼼히 확인해야 한다.

2020년도 양도소득세 세율표

구분	과세표준	세율			누진공제
		기본	18.4.1부터 조정지역내		
			2주택	3주택	
2년 이상 보유 (1년 이상 보유한 조합원 입주권)	1,200만원 이하	6%	16%	26%	–
	1,200만원 초과 ~ 4,600만원 이하	15%	25%	35%	108만원
	4,600만원 초과 ~ 8,800만원 이하	24%	34%	44%	522만원
	8,800만원 초과 ~ 15,000만원 이하	35%	45%	55%	1,490만원
	15,000만원 초과 ~ 3억원 이하	38%	48%	58%	1,940만원
	3억원 초과 ~ 5억원 이하	40%	50%	60%	2,540만원
	5억원 초과	42%	52%	62%	3,540만원
1년 미만 보유	주택,조합원입주권 50%, 토지 50%				
2년 미만 보유	주택,조합원입주권 40%, 토지 40%				
2년 이상 보유	주택,조합원입주권, 토지 6% ~ 42%				
미등기 양도	70%				

수익형 부동산

부동산을 매입한 후 매도하여 얻는 이익이 시세차익이라면, 임대수익은 부동산을 매입하여 계속 가지고 있으면서 임대료를 받는 것이다. 상가나 오피스텔 등을 매입하여 꾸준히 월세를 받으면서 소득을 창출하는 방법이다.

차익형 부동산이 짧고 굵게 이익을 얻는 방법이라면 수익형 부동산은 가늘고 길게 이익을 얻는 방법이라고 할 수 있다. 무엇이 더 좋고 옳은지 정답은 없으니 각자의 상황에 맞게 선택하면 된다. 다만 고려할 점은 있다. 앞서 대략 2년의 생활비를 보유했을 때 수익형 부동산을 선택하는 것이 적절한다는 점을 염두에 둔다면, 차익형 부동산은 얼마의 생활비를 미리 가지고 있어야 좋다는 등의 조건은 없다. 왜냐하면 부동산 매입과 동시에 수익이 발생하기 때문이다. 일례로 3억원짜리 상가가 수익률이 4%라면 연 1200만원, 즉 한달에 100만원씩의 임대수익을 얻을 수 있다.

선택의 기준: 내 준비상황

둘 중 무엇을 선택할 것인가? 생각 같아서는 당연히 집도 여러 채 사두고 상가도 많이 보유해서 노후를 든든하게 준비하면 가장 좋겠지만 현실적으로 그럴 수 있는 사람은 많지 않다. 은퇴할 때 보통 대출금 남은 아파트에 많아 봐야 2억원 정도 받고 정년퇴임을 하는 경우가 대부분이 아닐까. 그런 상황에 자녀 유학이나 결혼할 때 도와주면 남는 것은 거의 없다.

차익형이냐 수익형이냐의 문제는 본인 상황에 정답이 달려있다. 앞서 설명했듯 2년간의 생활비가 준비되어 있기에 지금 당장 소득이 없어도 견딜 만하다면 차익형 부동산을, 이와 달리 직장생활의 소득이 완전히 끊김과 동시에 소득이 꼭 필요한 경우라면 수익형 부동산을 선택하는 것이 바람직하다.

남의 떡은 언제나 커 보이는 법이다. 나는 값도 안 오르는 오피스텔 사서 많지도 않은 임대료만 받고 있는데 옆집 동갑내기는 집 하나 잘 사서 엄청난 시세차익을 본 것 같아 부러울 수 있다. 반대로 차익형 부동산을 선택한 사람은, 전세나 매매가격이 떨어지지는 않을까 항상 불안한데 그런 상황을 전혀 신경 쓰지 않고 마음 편하게 매월 따박따박 월세 받는 이웃 사람이 부러울 수도 있다.

차익형 부동산은 결국 수익, 손실의 가능성이 동시에 존재하기에 불안을 품고 접근하는 투자방법이고 수익형 부동산은 어느 정도 수익이 미리 예견되기에 아쉬운 월세수익이라는 불만을 가질 수밖에 없다.

우선 결정할 것은, 내게 필요한 부동산은 차익형인가 아니면 수익형

인가의 구분이다. 참고로 월세를 잘 받으면서 매매가격도 오르는 부동산은 없다. 양자택일만이 있을 뿐이다. 무엇이 필요한지는 자기 자신이 가장 잘 알 것이다.

2

손 대지 말아야 할
부동산

　보통 재테크나 은퇴 관련 도서들을 보면 "무엇무엇을 해야 한다"는 내용이 대부분이다. 그러나 "무엇을 해야 하는가"만큼 "무엇을 하지 말아야 하는가" 또한 중요하다. 이 장에서는 은퇴자를 유혹하는 부동산 상품들을 소개하려 한다. 잘 알지 못하는 상태에서 섣불리 접근하다가는 큰 손해만 보고 은퇴 생활을 피폐하게 만드는 것이다.

전원주택

여유롭게 집 근처 텃밭에서 채소를 키우고 지인들을 초대해 마당에서 바비큐 파티를 할 수 있는 전원주택. 말만 들어도 여유와 힐링이 느껴진다. 복잡한 도시를 벗어나 조금 느리게 살아도 좋은 공간, 치열한 경쟁보다는 이웃과 소통하고 함께 더불어 생활함으로써 넉넉한 시골 인심이 좋은 마을공동체라는 소속감을 느낄 수도 있다. 이런 장점만 있는 것 같고 다 좋기만 할 것 같다. 그러나 당연히 현실은 그렇지만은 않다.

가장 큰 문제는 당신이 '외부인'이라는 점이다. '마을 발전 기금'이라는 명목으로 돈을 내놓으라고 하고 돈을 주지 않으면 전원주택 진입로를 막아버린다. 지금까지 당신 없이 공동체로 잘 살아온 그들이 처음 보는 당신은 그저 이방인에 불과할 뿐이다. 적어도 30년쯤 지나 한 세대가 지나야 이방인 취급을 면할 수 있다. 넉넉한 시골인심을 기대했다면 실망이 클 수밖에 없다. 넉넉함은 그들이 당신에게 요구하는 금액에나 해당하는 말이다. 넉넉하게 준비해서 잘 찔러줘야 할 것이다.

치안도 문제다. 전원생활 자체가 시골 생활이니 아파트처럼 경비실이 있을 리 없다. 위급한 경우 경찰 등 관공서의 도움을 받아야 하는데 물리적 거리가 있는 만큼 제때 적절한 조치를 받기 어려울 수 있다. 치안과 함께 의료시설의 접근성도 떨어진다는 점도 노후에는 치명적인 단점이 된다. 수많은 사람들이 넉넉한 전원생활을 꿈꾸며 시작했다가 손해만 보고선 팔고 나오는 모습을 보라. 전원주택이 정말 좋다면 이미 가격이 올라 있어야 정상인데 아직 그런 모습은 찾아볼 수 없다. 앞으로도 그럴 것이다. 실거주하기에도 불편하고 자산관리 측면에서도 손해만 보게 된다.

전원주택은 은퇴 계획에서 빼는 것이 좋다. 정말 전원생활을 간절히 원한다면 전세나 월세로 2년 정도 살아보고 결정하면 된다. 멀쩡한 집 팔아서 전원주택 샀다가 되팔지도 못하고 계속 강제로 거주해야 하는 상황은 피해야 하지 않겠는가.

신도시 상가

새로 지어져 깨끗하고 근처 입주하는 주민들도 어느 정도 구매력을 가진 사람들이라는 장점이 있다. 매입하면 비교적 높은 가격에 임대할 수 있고, 건물 노후화에 따른 유지 보수비가 따로 들지 않아 상대적으로 관리하기가 쉽다는 장점도 있다. 그러나 문제는 신도시 상가가 본격적으로 상권이 형성되려면 2년 정도 걸린다는 점이다. 다시 말해 제대로 된 임대수익을 얻으려면 신도시 형성 후 적어도 2년이라는 시간이 필요하다.

마곡지구를 살펴보자. 서울 강서구에 우리나라 유수의 대기업이 입주한다는 무한한 가능성이 있지만 2017년 상가들이 공급되고 3년이 지난 2020년에도 여전히 공실이 있고 상가들은 활성화되지 못한 상태다.

강서구 마곡지구 공실률 70%

출처: 티브로드 NEWS

2019년 5월 지역방송국에서 보도한 뉴스 헤드라인이다. 마곡지구는 대기업 입주를 통해 수요가 창출될 것으로 기대되었지만 일부 상가만 활성화되었을 뿐, 마곡지구의 나머지 건물들은 임차인을 찾지 못한 상태에 있다. 만약 이런 상가를 샀다면 임대료는 받지 못하고 관리비만 내면서 버텨야 하는 상황일 것이다.

다른 지역도 보자. '커낼워크'라는 유럽풍 콘셉트의 상가 조성으로 모았던 송도 역시 마곡과 다르지 않은 모습을 보이고 있다.

공실 늘고 손님 줄고 커낼워크의 '쓸쓸한 봄'

출처: 오늘의 현장

2019년 5월 인천일보TV의 보도자료다. 송도는 인천에서 가장 소비력이 강한 '인천 부자들'이 선호하는 지역이다. 그에 걸맞게 고급화된 상가들이 배치되고 '커낼워크'라는 유럽형 쇼핑 스트리트가 조성되었다. 그런데도 상가 활성화는 아직 요원한 일이라 여겨지고 있다.

커낼워크는 2009년에 조성되었으니 벌써 10년도 넘은 상태다. 10년 동안 비어 있고 앞으로도 계속 공실로 남아 있을지 모르는 상가를 보유한 투자자들은 난감할 수밖에 없다. 혹시 1층 상가를 분양받으면 괜찮다고 생각할지 모르겠지만, 그렇지 않다. 1층도 큰 차이가 없다. 과거에는 1층이면 임대수익을 보장받을 수 있는 환경이었으나 인터넷으로 무엇이든 쇼핑이 가능한 현재의 대한민국에서는 1층이라 해도 안심할 수 없다.

호텔 객실 분양

'분양형 호텔'이라는 투자상품이 있다. 2012년부터 본격적으로 출시된 상품이고 2018년 말 기준 전국에 120여 개의 호텔이 이러한 분양형 형식으로 운영되고 있다.

기본구조는 위험하지 않다. 호텔 객실 하나를 분양받으면 전문운영 업체가 손님도 잘 받고 운영도 잘해서 이익금을 투자자에게 돌려준다는 개념이다. 그러나 여기서 주의사항은 바로 '손님도 잘 받고 운영도 잘해서'라는 대목이다. 대부분의 호텔은 영업을 잘하지 못한다는 것이 문제다. 초기에 계약할 때 연수익 얼마를 보장하고 책임져주겠다는 계약서는 휴지 조각이 되어버리기 십상이다. 대부분의 운영회사들이 자본금이 거의 없는 껍데기 회사이기 때문에 소송을 건다해도 얻을 수 있는 실익이 없다.

한 객실당 약 2억원의 투자자금이 필요하다. 이 객실들이 잘 운영된다면 문제없지만 대부분의 경우 약정된 수익은 고사하고 오히려 공실이 길어져 관리비까지 내야 하는 상황에 처할 수도 있다. 노후에 가끔 호텔에 가서 무료로 숙박하고 고맙게도 꾸준히 수익도 나올 것으로 기대했다면 실망과 배신감을 느낄 가능성이 크다.

인기 많고 장사 잘되는 호텔은 굳이 개인에게 분양할 이유가 없다. 롯데호텔이 왜 개인에게 분양하지 않는지 생각하면 금방 답을 얻을 수 있을 것이다.

3

수익형 부동산
옥석 가리는 법

수익형 부동산은 '임대수익'을 목표로 한다. 이미 잘 알겠지만 굳이 또 강조하는 이유는 수익형 부동산에 대해 '값도 오르면 좋겠다'는 미련을 혹시라도 가질까 봐 싶어서다. 다시 말해 '수익형 부동산'은 나중에 더 비싼 값에 처분할 수 없다는 점을 염두에 두어야 한다. "이거 사두셨다가 나중에 값이 오르면 비싸게 파시면 됩니다"라는 부동산 중개업자나 분양상담사들에게 당하지 않기를 바란다.

수익형 부동산의 값은 좀처럼 오르지 않는다. 수익형 부동산은 임대수익용이라는 점을 고려하고 접근해야 한다. 대부분의 사람들은 임대료를 꼬박꼬박 받으면서 나중에 시세차익까지 보겠다는 생각 때문에 투자에 실패한다. 부동산 전문가가 아닌, 보통 사람들이 보기에 신도시에 그럴싸하게 들어서는 상가건물은 매력적일 수밖에 없다. 순수한 것은 좋지만 투자는 영리할 필요가 있다. 게다가 은퇴 이후인 노후대비 아닌가. 투자의 선택으로 인해 나중에 후회만 남는 여생을 보낼 것인가라는 절체절명의 문제가 달린 일이다. 은퇴를 준비하며 수익형 부동산을 선택할 때는 다음 몇 가지를 생각해야 한다.

상가 - 인터넷 세상이다

오늘날은 인터넷 세상이다. 특히 코로나19로 인해 사람들이 많이 모이는 장소를 기피하는 것은 사회의 큰 흐름으로 자리 잡았다. 굳이 접촉하지 않고 필요한 일을 처리한다. 얼굴을 마주하지 않고 비대면으로 은행에서 통장을, 증권사 계좌를 만드는 세상이다. 스마트폰만 몇 번 만지작거리면 안 되는 일이 없다.

인터넷 세상은 우리의 삶을 편리하게 만들어 주었지만 상가소유자와 세입자들에게는 고통을 안겨준다. 과거 직접 입어보고 신어보고 만져보며 옷과 신발과 물건을 사던 소비자들이 실물을 보지 않고 인터넷으로 물건을 구입한다. 신선함이 생명인 식재료 판매도 당일배송, 새벽배송 등에 자리를 내주고 있다. 앞으로 상가는 대부분 심한 공실로 대표되는 불황기를 겪게 될 것이다. 상가 투자를 고려한다면 이 점을 냉정하게 판단해야 한다. 1층 상가는 과거 무조건 잘 되는 블루칩(우량주) 대접을 받았으나 이 거대한 시대의 흐름을 거스르지는 못하고 있다.

몇 년전까지만 해도 상가에 투자할 때 동대문 패션타운에 몰려있는 옷가게들 같은 곳, 즉 집합상가만 주의하면 큰 손해를 볼 일은 거의 없었다. 그러나 이제는 상가라는 아이템 자체가 웬만해서는 이익을 얻기 힘든 상품이 되어가고 있다. 상가에 투자하고자 한다면 인터넷으로 대체 가능한지를 판단해야 한다. 병원이나 약국처럼 온라인 대체가 불가한 업종이라던가 헬스장, 요가원 같은 운동시설이라면 당분간 인터넷의 위협으로부터 그나마 버틸 수 있으리라 전망된다.

오피스텔 - 편리한 만큼 낮은 수익률

오피스텔은 임대수익을 얻고자 하는 투자자들에게 적당한 상품이다. 특히 지하철역 근처의 오피스텔은 꾸준한 수요가 있기에 임대수익에 대해 특별히 걱정할 일이 없다. 오피스텔은 1층에 전담하는 부동산 중개업소가 있어 임대차관리, 계약관리 등을 크게 신경 쓰지 않아도 되는 편리한 상품이다. 사놓으면 꾸준히 월세가 들어오는 부동산이 바로 오피스텔이다.

반면 오피스텔은 시세차익을 기대할 수 없다. 재건축을 할 수 있는 것도 아니고 임대료를 올려받을 수 있는 것도 아니기 때문이다. 오피스텔의 최대 약점은 '대체 가능성'이다. 내가 투자한 오피스텔 옆에는 더 깔끔하고 보기 좋은 신축 오피스텔이 항상 공사 중이기 때문이다. 오피스텔 세입자들이 자기 집에 대한 추억이 있어 한곳에서 오래 머무르는 경우는 거의 없다. 계약 기간이 다 차면 미련 없이 새로 지어진 오피스텔로 옮긴다. 임대료를 올리고 싶어도 옆 오피스텔보다 구형이니 형성된 시세를 따를 수밖에 없음은 당연하다.

오피스텔은 편리하게 임대수익을 올릴 수 있는 만큼 임대료나 매매가 상승은 기대하지 않는 것이 좋다.

지식산업센터 – 옛 아파트형 공장

지식산업센터는 아직 일반 사람들에게는 잘 알려지지 않은 부동산 상품이다. 부동산 좀 안다는 사람들도 아파트형 공장 정도로 생각한다. 그도 그럴 것이 원칙적으로 지식산업센터는 지정된 업종에 한해 입주가 가능하고 매입 역시 전체 건물 중 지원시설이라 불리는 곳만 가능했기 때문이다. 아는 사람만 알던 지식산업센터 투자에 대해 간단히 살펴보자면, 세입자가 개인이 아닌 '회사'이다. 개인이 아닌 회사를 상대로 임대를 놓고 임대수익을 받는 형태가 지식산업센터 투자의 핵심이다.

노후대비용으로는 몇 가지 장점이 있는데 그중 가장 큰 장점은 안정적인 임대수익이다. 이는 오피스텔과 유사한 특징이다. 다만 오피스텔은 대략 1년~2년마다 새로 세입자를 받게 되니 거래할 때마다 중개수수료가 발생한다. 이에 비해 지식산업센터는 회사가 한 번 들어오면 잘돼서 사옥을 사서 이전하거나 도산해서 나가지 않는 이상 한 곳에서 꾸준히 오래 머무른다. 임대료 역시 경비처리 되기 때문에 매월 정해진 날에 밀리지 않고 받을 수 있다. 대출을 활용할 수 있다는 장점도 있다. 주택은 서울은 대략 30% 내외, 상가는 50% 내외의 대출을 활용할 수 있는 반면 지식산업센터는 80%까지 대출되는 곳이 많다. 아직 나라에서는 지식산업센터가 '투기의 대상'이 된다고 생각하는 것 같지는 않다.

상가나 오피스텔의 수익률에 관한 정보는 인터넷과 관련 도서 등에 매우 방대하고 자세히 나와 있으니 생략했지만, 지식산업센터는 아직 정보가 충분하지 않으니 사례들을 살펴보며 좀 더 알아보자.

서울 성동구 A모 지식산업센터 1개 호실의 분양가는 다음과 같다.

분양면적: 50평	분양가: 4억원
전용면적: 26평	임대료: 보증금 1700만원 / 월세 170만원
대출 가능액: 3억원(75%, 금리 연 3.2% 적용)	

투자자가 대출 없이 순수한 자기 자금만으로 매입한다면 3억8300만원이라는 자기자본금액[매매가격-보증금]으로 연 2040(매월 170만원×12개월)만원의 임대수익을 얻게 되므로 수익률을 계산해보면 2040만원/3억8300만원=5.3%이 된다.

만일 투자자가 대출을 활용한다면 자기자본은 8300만원[매매가격-보증금-대출액]이 되고 연 임대소득은 1080만원(연 임대소득 2040-연 대출이자 960만원), 수익률은 1080만원/8400만원=13%가 된다. 2개를 사면 1억7000만원 내외를 들여 연간 2100만원의 임대수익을 기대할 수 있게 된다. 대출을 활용하여 자기자본을 최소화하고 높은 임대수익률을 얻을 수 있으니 지식산업센터는 노후대비 수익형 부동산으로 좋은 선택이 될 수 있다. 단 주의할 사항이 있다. 당연한 말이지만 모든 지식산업센터가 이런 식으로 높은 수익률을 가져다주지는 않는다. 기업들이 입주를 선호하는 위치인지, 주변 시세 대비 임대료를 너무 높거나 낮지 않게 받을 수 있는지 등을 꼼꼼히 확인해야 한다.

4

상가에 대해
알아두어야 할 것들

    상가는 안정적인 월세를 받을 수 있다는 매력으로 인해 퇴직자들에게 인기가 많은 상품이다. 장사가 잘되는 상가를 보유하고 있다면 월세를 매년 올려 받을 수도 있기 때문에 수익성 측면에서도 상승을 기대해볼 수 있다. 옛말에 "잘 키운 딸 하나 열 아들 안 부럽다"고 했는데 그처럼 "잘 사놓은 상가 하나 열 효자 안 부럽다"고 할 수 있다. 상가의 장점과 단점을 비교해보고 퇴직자는 어떻게 접근하면 좋은지 살펴보자.

상가의 종류

근린상가

생활권에 인접해 있는 상가를 근린상가라 하는데, 동네 근처의 상가라고 생각하면 이해가 쉽다. 대개 2~5층 정도의 중간 규모로 세워지며, 상층부에는 주택이 들어서기도 한다. 최근에는 상권에 따라 그 규모가 점점 대형화, 전문화되고 있다. 생활권과 가깝기 때문에 수요가 크게 등락이 없다는 장점이 있다. 그러나 최근에는 대형마트들이 동네 고객까지 흡수해 가기 때문에 임대료를 받지 못하는 경우도 발생할 수 있다.

단지 내 상가

아파트 내에 있는 상가이다. 세탁소처럼 아파트 주민들의 생활과 밀접하게 연결되어 있는 업종이 주로 단지 내 상가에 입점한다. 적어도 1000세대 정도는 되어야 단지 내 수요층이 안정적으로 형성되어 상가 세입자가 월세를 밀리지 않고 낼 수 있다.

주상복합상가

주+상(住+商)이란 말 그대로, 하나의 건물에 주거공간과 상업공간이 함께 있는 상태다. 상가투자의 관점에서 보면, 주거공간에 있는 사람들을 대상으로 안정적인 수요를 기대할 수 있지만, 정작 그 주거공간에 사람이 적다면 상가가 침체될 수밖에 없다. 특별히 장사가 잘되지도 안되지도 않는 상황이라고 보면 된다.

전문 테마상가

건물 전체가 하나의 테마로 구성되어 있는 상가이다. 의류상가, 공구상가, 전자상가 등이 있는데 추천하고 싶지 않다. 특히 이들 제품들이야말로 인터넷 쇼핑의 발달로 인해 발품을 팔아 직접 상가까지 가는 사람들이 점점 줄어들고 있기 때문이다. 특히 동대문에 있는 몇 개의 패션 상가 건물들이 침체기를 겪고 있는 모습을 보면 전문 테마상가는 가급적 피해야 한다.

상가의 장단점

장점 1. 안정적인 월세 수입을 기대할 수 있다

상가는 그 자체가 월세수익을 얻기 위한 상품이다. 그래서 유동인구가 많고 장사가 잘되는 지역에 위치한 상가는 안정적인 월세수익을 얻을 수 있다. 세입자 입장에서도 장사가 잘되는데 굳이 월세를 밀릴 이유가 없다. 행여나 월세가 밀리면 1년 단위로 계약을 연장할 때 상가

주인이 다른 세입자를 찾을지도 모르기 때문에, 월세는 안정적이면서 성업 중인 상가의 경우는 매년 임대료를 올릴 수도 있다.

장점 2. 다주택에 포함되지 않는다

주택을 여러 채 보유하면 다주택자로 구분되어 1가구 1주택에 비해 무거운 세금을 내야 한다. 특히 문재인 정부는 주택으로 인한 불로소득을 방지하고 서민의 주거안정을 위해 다주택자와 고가주택자에 대해 강한 규제를 시행하고 있다. 하지만 상가는 원천적으로 다주택에서 제외되고 몇 개를 소유하고 있더라도 양도소득에 불이익을 받지 않는다. 세금 문제를 고민하는 사람에게는 주택보다는 상가가 더 나은 상품일 수 있다.

장점 3. 그 자리에서 나의 사업을 할 수도 있다

퇴직 후 재취업을 하고 어느 정도 기반을 닦은 후 창업을 하려고 할 때 내가 소유한 상가에서 창업을 할 수도 있다. 자신이 보유한 상가에서 직접 창업하면 가게 보증금이나 임대료를 아끼면서 시작할 수 있는 것이다. 창업에서 보증금과 임대료는 활황기에는 큰 부담이 아닐 수 있지만 불황기에는 엄청난 부담이 된다. 그런데 본인이 보유한 상가에서 창업하면 보증금과 임대료의 부담을 줄일 수 있는 것이다. 물론 다른 세입자에게 세를 주었을 때 얻을 수 있는 비용도 고려해야 하

겠지만 본인이 원하는 한 계속 사업을 할 수 있는 자리가 있다는 것은
상가 소유의 커다란 장점임에는 분명하다.

단점 1. 상권이 유동적일 수 있다

상가는 해당 지역의 유동인구나 흐름에 가장 예민하게 영향을 받
는 상품이다. 그래서 올해 유동인구가 많고 사업이 잘된다고 해서 내
년에도 같은 모습이리라 기대하기는 어렵다. 특히 인근에 대형마트와
같은 편의시설이 들어온다면 근린상가의 경우 상당한 타격을 받고,
이는 임대료 인하와 연결되어 수익성이 낮아질 수 있다. 상권이 유동
적이라는 것은 상가의 단점으로 작용할 수 있다. 특히 앞서 강조했듯
인터넷으로 무엇이든 거래할 수 있는 시대이기 때문에 유동인구가 많
더라도 굳이 상가를 이용할 필요성을 느끼지 못한다. 상가의 매력이
떨어지고 있다는 점을 염두에 두어야 한다.

고려할 점은 또 있다. 바로 SNS의 영향이다. 어느 지역, 어느 동네가
젊은이들의 명소가 되어 일명 '핫플레이스'가 되면 상권이 활성화되
고 임대료로 오른다. 분위기 좋은 카페에서 SNS에 올릴 사진을 찍는
젊은이들이 많아지면 더욱 그렇다.

하지만 젊음은 항상 새로운 것을 찾지 않던가. 핫플레이스가 어느
순간 인기가 시들해지고 상권이 죽는 현상이 곳곳에 나타나고 있다.
대표적으로 서울 이태원의 경리단길을 시작으로 각종 O리단길이 우

후죽순처럼 생겨났다가 지금은 대부분 사라져 버렸다. 상가는 인터넷으로도 충분히 힘든데 빠르게 지나는 유행까지 고려해야 하는 이중고를 겪어야 한다.

단점 2. 환금성이 부족할 수 있다

서울 지역은 자기자본 대비 평균 5%의 수익률을 보인다고 볼 수 있다. 강남 지역은 3% 내외, 강북 지역은 7% 내외로 수익률이 형성되어 있다. 평균 수익률을 넣어 계산하면 자기자본 1억원을 들여 한 달에 40만원 정도의 월세 수입을 올릴 수 있다. 같은 계산방식을 적용하여 2억원을 들이면 83만원, 3억원이면 130만원의 월세를 받을 수 있는데, 이러한 연 5%의 수익률은 은행 이자보다는 높지만 공실의 위험성을 보상받기에는 부족한 감이 있다. 내가 보유한 상가의 수익률이 5%라면 5% 이상의 수익률이 기대되어야 타인에게 매각이 가능한데, 이때 취할 수 있는 방법은 임대료를 올리거나 상가 가격을 낮추는 것이다. 임대료 인상은 불황일 때는 취하기 어려운 방법이니 결국 상가의 가격을 낮추는 것인데, 제값을 받지 못하고 급매로 상가를 처분하면 결국 손해이니 이 점도 주의해야 한다.

특히 젠트리피케이션 등으로 유행이 지나버린 옛날 명소는 임대료와 매매가격 하락을 동시에 감수해야 하기 때문에 더욱 주의가 필요하다.

상가 임대 수익률 구하는 방법

상가 수익률이 6%다 10%다 하는 것의 기준은 무엇일까? 본인의 주머니에서 나간 돈에 비해 어느 정도의 월세가 들어오는지 계산해야 한다. 일례로 매매가격이 1억 1천만원인 상가가 보증금 1천만원에 월세가 50만원이라면 내 주머니에서 나가는 돈은 매매가격 1억 1000만원에서 보증금 1000만원을 제외한 1억원, 월세는 50만원이므로 연간 월세는 600만원이 된다. 즉 1억을 들여 1년간 600만원을 얻게 되므로 나누면 6%라 할 수 있다. 주의할 점은, 상가에서 월세를 받으면 소득세를 내야 한다는 것과 부동산 구매 시의 세금 및 법무사 비용, 세입자가 바뀌면 나가는 부동산 중개 수수료 등이다. 위의 사례를 기준으로 다시 계산해보자.

매매가격 = 1억 1000만원

보증금 = 1000만원

월세 = 50만원(연간 600만원)

추가비용(취/등록세) 4.6% = 506만원 (1억1000만원×4.6%)

중개수수료 상한선 0.9% = 99만원 (1억1000만원×0.9%)

총 자기자본 (1억605만원) = 매매가격(1억1000만원) - 보증금 (1000만원) + 추가비용 (605만원 = 506만원+99만원)

수익률 = 600만원 / 1억605만원 = 5.66%

여기에서 다시 소득세를 계산해야 정확한 수익률을 얻을 수 있다. 그러니 상가 매입 여부를 결정하고 수익률을 계산할 때는 세부 사항까지 고민해야 한다. 수식으로 표현하면 수익률은 다음과 같다.

상가 수익률 = 연간수입/자기자본* 100(%) = [월 임대료 (월세 ×12) - 소득세] / [매매가격-보증금+기타비용]×100(%)

은행 대출을 안고 상가를 매입하면 계산은 더 복잡해진다. 일반적으로 수익률은 위의 등식을 기본으로 계산하며, 가급적이면 대출을 피해야 세입자가 월세를 못 내거나 밀려도 당황하지 않을 수 있다.

5

오피스텔도
더 알아보자

오피스텔은 월세 수입을 얻기 위한 목적으로 사용되는 상품이라고
할 수 있다. 이러한 특성은 상가와 같다. 하지만 상가와는 다른 특징들
을 가지고 있고 세금 측면에서도 차이점이 있으니 주의해야 한다. 새
의 편에 붙었다가 동물의 편에 붙었다가 한 박쥐 이야기가 기억나는
가? 오피스텔도 그와 비슷하다. 주택이기도 하고 상가이기도 하다. 이
러한 오피스텔의 장단점을 살펴봄으로써 퇴직자가 오피스텔을 어떻
게 활용해야 하는지 알아보자.

오피스텔의 장단점

장점 1. 안정적인 월세수익이 가능하다

오피스텔은 세입자가 사업자이든 개인이든 상관없이 월세를 받는 상품이다. 이 점은 상가와 마찬가지인데, 상가보다 비교적 월세가 안정적이라는 장점이 있다. 상가는 불황으로 사업이 어려워지면 계약기간을 채우지 못하더라도 세입자가 상가에서 철수하겠다고 할 수 있는데, 그에 비해 오피스텔은 경제 상황의 등락과는 관계없이 일정하게 세를 얻을 방도가 있다. 만일 오피스텔을 사업자에게 임대해주면 상가와 마찬가지로 세입자가 경기상황에 따라 나가겠다고 할 수 있지만, 오피스텔을 개인에게 주거용으로 임대하면 특별한 문제가 없는 이상은 대부분 1년~2년 정도의 기간은 기본적으로 채우기 때문이다. 1인 가구인 직장인 세입자가 갑작스레 실직하지 않는 한 주거용으로 임대를 주면 기본 2년은 안정적으로 월세를 받을 수 있다고 보면 된다.

장점 2. 다주택자에 들어가지 않을 수 있다

현재 세법에 의하면 오피스텔을 주거용으로 사용하면 주택으로, 사무용으로 사용하면 상가로 본다. 그렇기 때문에 다주택자 세금 문제가 고민이라면 상가와 마찬가지로 오피스텔도 주거용이 아닌 사무용으로 임대하면 절세가 가능해진다. 하지만 오피스텔을 주거용으로 임대해주면서 세입자에게 "확정일자를 받지 않는다"라는 식으로 계약해도 세입자가 주거용으로 사용하면서 월세를 낸다는 것을 연말정산에 입력할 수 있기 때문에 이런 식으로 편법을 사용하여 오피스텔을 임대하다가는 향후 세금을 추징당할 수도 있다.

단점 1. 가격 상승의 가능성이 거의 없다

일부 지역에서 가격이 상승한 사례가 있지만 오피스텔은 재건축이나 재개발과는 상관없이 건축 시부터 법이 허용하는 한도 내에서 모든 혜택을 적용한 상태이기 때문에 혹시라도 향후 재건축을 하더라도 더 높이, 더 많이 지을 수 있는 상황은 아니다. 아파트 재건축은 지분의 크기에 따라 무상으로 크기를 늘릴 수 있는 경우가 있기는 하지만 오피스텔은 이와는 관련이 없다. 다시 말해 향후 시세차익을 목적으로 한 오피스텔 매입은 현명하지 못한 일이다.

단점 2. 주택으로 산정되어 다주택자 세금 적용받을 수 있다

앞서 짧게 언급했듯이, 오피스텔을 주거용이 아닌 사무용으로 사용되면 다주택 관련 항목에서 자유로울 수 있기 때문에 주거용으로 임대하더라도 공실이라고 하거나 사업용으로 임대했다고 세금신고를 하는 경우가 많다. 과거에는 이 방법이 어느 정도 통했다. 정부에서 수만 채에 달하는 오피스텔 각각의 호수들이 공실인지 아닌지, 주거용인지 사업용인지 파악할 여력이 없었기 때문이다. 하지만 직장인의 경우, 연말정산 항목으로 월세를 내는 금액에 대해 소득공제를 해주기 때문에 향후 오피스텔에 대해 이러한 편법적인 탈세는 통하지 않으리라 예상된다. 그렇기에 지금까지 편법을 동원하여 세금(소득세)를 내지 않던 사람들은 본인도 알지 못하는 사이 국세청에 소득이 그대로 노출될 가능성이 높아졌다.

오피스텔 팁 - 유흥가 주변이 알짜!

오피스텔이 유흥가에 위치해 있으면 시끄럽고 정서적으로도 좋지 못하다며 세입자는 꺼려할 수 있지만, 그 오피스텔을 통해 월세를 받는 사람의 입장에서는 좋은 점이 더 많다. 특히 오피스텔이 유흥가에 있고 세입자가 유흥업소에 종사하는 사람이라면 오히려 세입자 관리가 더욱 편하다. 유흥업소 종사자는 오피스텔에서 잠만 자는 경우가 많으므로 건물이 상할 염려가 덜하고, 월세도 제때 내는 경향이 있다. 만일 월세를 제대로 낼 형편이 못 된다면 그 세입자는 알아서 집을 비우는데, 그때 같은 유흥업소 직원이 세입자로 들어오게 하고 나가는 것이다. 그래서 오피스텔에 경험이 많은 사람들은 오히려 유흥업소 직원을 환영한다. 집주인에게 따지는 것도 별로 없고 월세도 제대로 내기 때문이다. 일반 직장인들처럼 전입신고, 소득공제 등을 귀찮게 요구하지도 않는다. 벌어들이는 돈에 비해 월세는 많지 않다고 느끼므로 월세를 올려도 큰 저항이 없다. 그래서 일반 직장인보다 유흥업소 종사자가 오피스텔 주인에게 환영받는 일이 많다. 오피스텔을 매입해야 한다면 유흥가 주변의 오피스텔부터 좋은 매물을 검색해보라.

6

핵심은
현금 소득원 확보

은퇴 플랜, 특히 부동산 자산에 대해 이야기해보자. 결론부터 말하면 핵심은 현금 확보다. 은퇴 플랜은 결국 지금의 소득이 끊기는 상황에서 지금의 생활 수준을 유지하려는 준비인 것이다. 소득이 끊기는 순간이 없도록 순조로운 소득의 흐름을 만들어내는 것이 진정한 의미의 은퇴 준비라 할 수 있다.

은퇴 관련 도서들을 읽다보면 "눈을 낮추어야 한다", "사람이 재산이다" 등의 조언들을 많이 본다. 마음의 평화를 얻는 데엔 도움이 될지 모르나 지갑의 평화를 얻는 데엔 큰 역할을 하지 못하는 말들이다.

눈을 낮추라는 조언은, 은퇴가 생활이 아닌 생존 수준으로 가야 한다는 결론으로 이어진다. 눈을 낮추어서 취직자리를 알아보고, 눈을 낮춰서 집을 줄이라고 한다. 심지어 자녀교육도 눈을 낮춰서 사교육비 줄이고 결혼자금을 지원해주지 말라고 한다. 그냥 밥만 먹고 살라는 말이 아니라면 대체 눈을 왜 낮추어야 하는가? 미리 소득을 준비해서 현재 생활을 계속 유지하고 오히려 점점 자산이 늘어날 수 있도록 준비하는 것이 진정한 은퇴계획이 아니겠는가? 죽을 날 받아놓고 하루하루 돈 떨어져가는 것에 피가 마르는 은퇴 생활, 미리 준비해서 피하도록 하자.

현금 확보, 그 시작과 끝

은퇴 플랜의 시작과 끝은 현금확보다. 금융상품도 그러하고 부동산도 그러하다. 특히 은퇴는 지금까지와 완전히 다른 생활을 요구한다. 매일 시간 맞춰 집을 나서 가야 할 곳이 없어지고 매월 때 되면 들어오던 소득이 사라진다.

부동산은 가지고 있으면 돈이 된다는 것은 다들 잘 알고 있다. 생각해야 할 부분은 '버틸 수 있을까'이다. 돈이 될 때까지 버틸 수 있을지 판단해야 한다. 이 점은 주식, 펀드에도 비슷하게 적용된다. 웬만한 주식도 가지고 있으면 돈이 되고, 펀드도 원하든 원치 않든 수익률이 떨어졌을 때 장기보유하면 어느 정도 손실도 회복되고 수익도 볼 수 있다. 중요한 것은 '버틸 수 있느냐'이다. 어느 정도 현금을 준비해서 어려운 시기가 오더라도 부동산을 팔지 않고 버틸 수 있을지 생각해야 한다.

대부분의 은퇴 전문가들은 "집의 규모를 줄여야 한다", "돈이 집에 묶이지 않게 해야 한다"고 충고하는데 맞는 말이면서 틀린 말이기도 하다. 부동산이 짐이 되고 부담이 되면 줄이는 것이 맞지만 버틸 수 있다면 추가 구매를 해서 투자하는 것도 좋은 방법이다.

우리는 생각보다 오래 산다

우리는 너무 젊을 때 은퇴를 한다. 60대에 은퇴한다 했을 때 80세까지 또는 90세까지 산다면 30년 정도의 생존과 생활을 해야 한다는 계산이 나온다. 지금 모은 자금이 넉넉해서 앞으로 다가올 30년을 돈을 쓰기만 하면서 살아도 된다면 상관없지만 그렇지 않다면 중간중간 부동산도 사고팔면서 재테크를 계속해야 한다.

많이들 오해하는데 은퇴는 끝이 아닌 시작이다. 금수저, 은수저가 아닌 이상 넉넉하게 은퇴하는 사람은 없다. 은퇴 이후에도 자산을 계속 불려나가기 위해 노력하며 살아야 한다. 만일 은퇴가 끝이라면 모든 자산을 처분하고 작은 집 하나 얻어 생활비로 계속 지출하면서 살아가면 그만이지만 은퇴는 시작이기에 그럴 수 없다. 보유하고 있는 현금과 부동산을 최대한 활용하면서 자산을 불려야 하는 것이다. 의료비도 준비해야 하고 가족에게 남겨줄 돈도 필요하다. 은퇴해서 집에만 있기에는 너무 젊고 할 일이 많다. 부동산은 은퇴 생활에 있어 현금을 확보할 수 있게 해주는 방향으로 운용해야 한다. 다 처분해서 웅크리고 사는 것이 아니라 적극적으로 사고팔면서 매매차익이나 임대수익을 얻을 수 있도록 계획하라.

　다음의 표는 삼성생명에서 발표한 '부부가 은퇴 후 30년간 사는 데 필요한 노후자금'이다. 최소 5억원에서 13억까지 생활 수준에 따라 필요자금이 달라진다. 저소득층은 한 달에 130만원, 상류층은 한 달에 400만원 정도 생활비로 지출한다는데 5억원, 13억원이 당장 준비되어 있지 않다면 현금 확보를 위한 방법으로 부동산 투자를 고려해야 한다.

부부가 은퇴 후 30년간 사는 데 필요한 노후자금

	저소득층 수준	중산층 수준	상류층 수준
기초 생활비 (식료품+주거비 등)	월 133만원 × 12개월 =1596만원	월 133만원 × 12개월 =1596만원	월 133만원 × 12개월 =1596만원
파출부	–	–	5만원(일당)×주2회× 4회×12개월 =480만원
골프 (전국 171개 골프장 평균)	–	–	그린피 18만원×월2회×2 인×12개월=864만원
여행	–	연 74만원 (국내여행 2인 1회)	연 348만원 (해외여행 2인 1회)
건강검진	–	30만원×2=60만원	50만원×2=100만원
경조사	–	5만원×4회×12개월 =240만원	10만원×4회×12개월 =480만원
차량유지비	–	34만원×12개월 =408만원(2000cc급 차량)	49만원×12개월 =600만원(2500cc급 차량)
연간필요금액	1596만원	2378만원	4468만원
30년간 총액	4억 7880만원	7억 440만원	13억 4040만원

출처: 삼성생명

*기초생활비는 55세 이상 도시근로자 월평균 소비지출액(177만원)에서 교육, 오락비 등 불요 불급한 비용 44만원을 뺀 것. 여행비는 한국관광공사 '2005년 해외여행,국민여행 실태조사 결과' 인용. 건강검진비는 서울시내 종합병원 평균. 차량 유지비는 직접 운전기준, 보험료 + 세금 + 기름값 등으로 산출.

PLAN
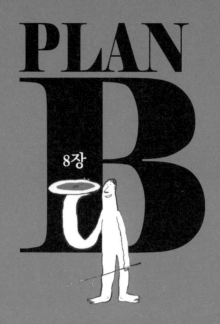
B

8장

내일은 오늘의 미래다

1

인생은
축적된 결과물이다

영화 '박하사탕'의 마지막 장면을 기억하는가? 주인공이 다가오는 기차를 향해 두 팔을 벌리고 "나 다시 돌아갈래!"라고 절규하는 모습 말이다. 순수했던 시절로 돌아가고 싶은 마음에서 나온 외침이 아니었을까.

만일 10년 전으로 돌아갈 수 있다면 당신은 미래를 위해 무엇을 준비하고 싶은가? 이 간단한 질문에 대한 당신의 답은 무엇인가? 필자는 많은 세미나와 강연회에서 이렇게 묻는다. "10년 전으로 돌아간다면 당신은 어떤 것을 하시겠습니까?" 답변의 80%는 "대출을 한도까지 받아서 강남의 재건축 아파트를 사겠습니다"이고 나머지 20%는 "빚을

져서라도 블루칩 주식을 사 모으겠습니다"이다. 10년 전이든 20년 전이든 가정해도 답변들은 다들 비슷하다. 부동산이나 주식을 살 수 있을 만큼 사겠다는 대답이다. 이 책을 읽고 있는 당신의 답변 또한 비슷하지 않을까.

다른 질문을 해보자. "지금으로부터 10년이 지난 시점에 타임머신이 있어서 10년 전인 지금으로 올 수 있다면 당신은 무엇을 하시겠습니까?" 청중에게 이렇게 질문하면 대부분 답변에 어려움을 겪는다. 뭘 해야 할지 모르는 것이다.

10년 전으로 돌아간다면?

만일 퇴직 이전 10년 전으로 돌아갈 수 있다면 무엇을 준비해야 할까? 답은 간단하다. 10년 전부터 꾸준히 돈을 모아야 한다. 최소한 다른 사람에게 아쉬운 소리 하지 않고 살 수 있는 정도만큼 돈을 마련하면 된다. 돈과 함께 건강도 준비해야 한다. '돈'과 '건강'은 미리 준비해야 한다는 공통점을 가지고 있다. 특히 건강은 건강할 때 지켜야 한다. 건강할 때부터 미리 운동도 하고 식습관도 조절해야 한다. 그렇지 않으면 어느 순간 몸에 이상 신호가 오고, 이후 건강을 되찾으려면 더 많은 시간과 노력과 비용이 필요하다. '돈'도 마찬가지다.

퇴직 이후에 필요한 자금을 미리 준비해야만 돈이 필요할 때 은행에서 집을 담보 잡아 돈을 빌리거나 하지 않을 수 있다. 그리고 돈을 준비할 때는 돈이 필요한 시기와 그에 따른 물가상승률을 함께 고려해야 한다. '우골탑'이라 하여 소 한 마리를 팔아 자식을 대학 보내던 시절이 있었다. 하지만 지금은 1년치 등록금이 1000만원을 넘어서 1년에 소를 3마리 정도는 팔아야 자녀의 대학등록금을 댈 수 있다. 10년 전에 자녀의 대학등록금용으로 소를 준비했다면 그때보다 2~3배 많은 소가 필요한 것이다.

만일 퇴직 이전 20년 전으로 돌아갈 수 있다면? 답은 다르지 않다. 20년 전부터 꾸준히 '돈'을 모아야 한다. 물론 건강도 챙겨야 하겠지만 퇴직 이전 30대라면 특별히 몸을 혹사하지 않고 조금씩이라도 꾸준히 운동하면 괜찮을 것이다. 퇴직 10년을 남겨둔 사람보다는 돈을 모으는 일에 더 여유를 가질 수 있다.

시간의 힘이라는 것은 대단해서 같은 금액을 원금으로 하고, 같은 이자율을 나타낸다고 했을 때 10년과 20년이라는 시간의 차이는 단순히 2배가 아닌 그 이상의 차이를 보인다.

오늘은 어제의 미래다

"오늘은 어제의 미래다." 매우 당연하면서도 진리인 말이다. 생각을 더 넓혀보면 퇴직 이후의 삶은 퇴직 이전부터 계획되고 진행되었다는 뜻이다. 퇴직이 불안한 이유는 과거에 준비를 하지 않았기 때문이다. 오늘은 어제의 미래이기 때문이다.

내일은 오늘의 미래다. 퇴직이라는 내일을 준비하기 위해서는 오늘이라는 과거부터 준비해야 함은 자명하다. 하지만 맞는 말이라 해도 막상 미래를 준비하려니 힘들고 귀찮을 수 있다. 오늘 당장 급한 일이 아니니 내일부터 준비해도 될 것 같다. 그러한 귀찮음과 내일로 미루는 행위들이 어우러져 계속 오늘을 지나는 것이다.

직장 업무를 생각해보자. 회사일이 너무나 즐거워서 20년, 30년 일하진 않았을 테다. 때로는 상사와의 갈등 때문에, 하기 싫고 귀찮은 잡무 때문에 또는 좀 더 보수를 주겠다는 제의를 받아 지금 다니는 회사를 그만두고 싶었던 적이 많았을 것이다. 하지만 퇴직의 시점까지 직장에 다니고 매일 일정한 시간에 출퇴근을 반복했던 궁극적인 이유는 무엇인가? 하고 싶어서가 아니다. 바로 '해야 하기 때문'이다.

자녀의 교육을 위해, 집을 사기 위해 빌린 대출을 갚아나가기 위해, 아침에 조금 더 자고 싶어도 억지로 눈을 뜨고, 상사가 마음에 들지 않아도 비위를 맞추어야 했으며 때로는 주말과 휴가도 반납하고 일해야 했던 것은 가장으로서 사랑하는 가족을 부양해야 한다는 책임감 때문이었다.

미래에 대한 대비도 마찬가지다. 하고 싶어서 또는 할 수 있어서 지금부터 준비하는 것이 아니다. 해야만 하는 일이기 때문에 하는 것이다. 되도록 많은 금액을 미래를 위해 준비해야 한다. 현실적으로 월급을 몽땅 저축하기란 불가능해도, 가능한 범위 내에서 아니 가능한 그보다 많은 금액을 바로 미래를 위해 준비 '해야 하는 것'이다.

젊은 사람들은 '욜로(YOLO)'를 외치며 오늘만 위해 산다. 좋은 시절을 충분히 즐기고 싶기 때문이다. 주택을 준비해야 하는 돈으로 차를 사고 명품 가방을 구입한다. 그러나 퇴직을 앞둔 시점에서는 오늘만을 위해 살 수 없다. 미래를 준비하는 삶을 살아야 한다. 지금 당장 미래를 위해 준비할 여유가 없다며 무책임한 태도를 보이지 말자. 할 수 있어서 하는 것이 아니다. 해야 하기 때문에 하는 것이다.

필자가 근무했던 회사의 구호 중 이런 것이 있었다. "해야 함은 할 수 있음을 의미한다." 퇴직 이후를 준비해야 한다는 것은 퇴직 이후를 준비할 수 있음을 의미한다.

삶은 축적된 결과물이다

지금 당신이 살고 있는 삶은 당신이 지금까지 살아온 모습이 축적된 모습이다. 갑자기 큰 액수의 복권에 당첨되지 않은 이상 어제 출근했던 직장에 똑같이 출근했을 것이고 어제 했던 업무를 오늘 반복하고 있을 것이다. 그러면서 하루하루를 보낸다. 혹시 지금 미래에 대비해서 무언가 준비해 놓은 것이 없는가? 그렇다면 그 이유는 둘 중 하나다. 준비를 안 했거나 못했거나. 이유가 무엇이든 현재 준비된 것이 없다면 지금부터 준비를 시작해야 한다.

당신은 지금까지의 자기 인생에 대해 책임이 있을 뿐만 아니라 앞으로의 인생에도 책임이 있다. '퇴직 이후 잠깐 쉬면서 사업 아이템도 구상하고 퇴직 이후의 삶을 고민하면 되지 않겠나'라고 생각할 수 있다. 실제로 많은 퇴직자들이 그런다. 하지만 상황이 벌어져 급하게 대응하는 것과 미리 준비하고 있다가 맞이하는 것은 당연히 다르다. 회사일도 그러하고 더 중요한 당신의 인생도 그러하다.

당신의 삶은 지금까지의 결과이고 당신 미래의 삶은 지금부터 시작되는 삶의 결과물이 될 것이다. 지금 과거로 돌아가고 싶은가? 그렇다면 10년, 20년 후에도 과거로 돌아가고 싶을 것이다. 미래의 내가 지금의 나에게 가장 아쉬워하는 것이 무엇인지 생각해보면 지금 내가 무엇을 해야 할지 답을 얻을 수 있다.

2

나만
그런 것은 아니다

학교에 지각하면 혼자 정문에 들어서기는 참 싫다. 하지만 친한 반 친구도 같이 지각했다면? 함께 기분좋게 교실까지 들어갈 수 있다. 그 다음에는 선생님의 꾸지람을 듣겠지만 말이다. 좋은 소식이 하나 있다. 노후준비에 소홀했다거나 하지 않았다고 너무 괴로워할 것 없다. 당신 말고도 전국의 수많은 동년배와 또래들이 노후대비를 제대로 하지 않기 때문이다. 다들 잘 준비하고 있는데 나만 안 하면 부끄럽고 조바심 나지만 남도 안 하고 나도 안 하면 뭔가 든든하다. 그래도 될 것 같고 말이다. 물론 은퇴 이후 이어지는 삶의 괴로움은 각자의 몫이다.

인간의 본성을 이기기는 힘들다

《행동경제학》이라는 책의 서문에는 이런 구절이 있다.

"계획적으로 저축을 하면 굳이 연금에 기대지 않고도 멋진 노후를 즐길 수 있건만, 막상 마음에 드는 물건을 보면 충동구매를 해버리고 만다. 다이어트가 건강에 좋다는 걸 알지만 단맛의 유혹을 도저히 떨쳐버릴 수 없다."

지금까지의 노후준비 성적표가 초라하더라도 '내가 이러려고 직장생활을 해왔나'라고 자괴감을 느낄 필요가 없다. 인간이라는 존재가 기본적으로 이렇게 프로그램되어 있으니 말이다. 욕구를 바로 해결하려 하는 것은 우리의 DNA에 깊이 새겨져 있는 본능이다. 이를 바꾸려면 엄청난 노력이 필요하다.

월급 잘 받아서 저축 잘하고 쓸데없는 곳에 돈을 낭비하지 않으면 적어도 굶어 죽을 일이나 남에게 손 벌릴 일은 없다. 이걸 알면서도 우리는 그렇게 하지 못한다. 나만 그런 게 아니라 내가 아는 사람 대부분이 그렇다.

노후준비는 기본적으로 인간의 본성, 아니 자신의 본성을 극복하는 과정이다. 지금 멋진 자동차를 사서 드라이브도 하고 비싼 명품백을 사서 SNS에 올려 자랑하고 싶은 본성을 이겨내야 하는 과정이다. 당신의 지금 생활을 경제학에서도 이해해준다. 이외에도 이미 많은 학문들이 당신의 부족한 노후준비의 원인을 발견하고 있다. 공통점은 그게 본성이라는 사실이다. 그 본성을 거슬러 무언가를 준비하려는 당신은 응원 받을 자격이 있다.

노후는 보이지 않지만 소비는 눈에 보인다

SNS를 보면 줄 서서 먹는 맛집 인증이나 멋진 여행지에 가서 '나 여기 놀러왔다~' 하는 자랑용 인증 사진이 대부분이다. 자신의 통장이나 노후준비가 얼마나 잘 되어 있는지 인증하는 사람은 거의 없다. SNS 사용층이 비교적 젊은 세대라서 그럴 수도 있겠다.

지금 당장 명품을 사고 여행을 가면 사진도 찍어 올릴 수 있고 친구들의 부러움도 한몸에 받을 수 있다. 조금 무리해서 독일제 수입차를 사면 친구들이 부러워한다. 프랑스에 여행 간 김에 현지에서 명품 가방을 사면 친구들이 큰 관심을 보인다. "이거 한정판이야"라고 할 수 있으면 금상첨화다.

친구들과 함께하는 자리에서 "나 이번에 연금 좀 많이 들었어"라고 말하면 어떤 반응이 나올까? "우와 부럽다"라고 할까? "무슨 연금이야? 주식 좋은 거 있는데 그거 하지 그랬어!" 정도일 것이다. 부러움을 받는 것이 아니라 '비판'을 받는다. 친구 중에 보험설계사라도 있다면

"나한테 들지 그랬어!"라는 볼멘 소리도 들을 것이다.

눈에 보이는 물건을 사면 당장 사용할 수 있고 보여주고 자랑할 수 있다. 반면 노후대비는 자랑할 수 없다. 심지어 70대, 80대가 되어 여유롭게 생활한다 해도 자랑하기 어렵다. 자랑할 친구들이 저세상으로 먼저 가버리니까.

노후준비는 누구에게 보여 주기 위해 하는 것이 아니다. 누가 나한테 무엇을 하라고 요구하지도 않는다. 마치 헬스클럽이나 요가원에 등록하는 것과 비슷하다. 지금 당장은 결과가 나오지 않아도 꾸준히 하면 자신이 원하는 모습으로 바뀌는 '자기와의 싸움'이다.

노후대비는 1~2년 하면 되는 일이 아니라 은퇴할 때까지 꾸준히 해야 하는 일이다. 중도에 무슨 일이 생길지도 모른다. 미래에 어떻게 될지 모르고 내가 지금 넣는 연금이 나중에 얼마가 될지는 잘 모르겠지만 외제차와 명품백은 눈앞에 바로 보인다. 다이어트를 해서 자신의 몸에 만족하려면 엄청난 노력이 필요하지만 달콤한 초콜릿을 먹으면 그 순간 몹시 행복해진다. 이것이 인간이다. 그러나 노후대비와 재테크의 핵심은 만족감을 뒤로 미루는 것이다. PLAN B의 핵심이기도 하다.

3

생계가 아닌
생활을 준비하자

　노후준비는 먼저 이야기를 꺼내기 부담스러운 주제다. '지금까지 돈 안 모으고 뭐했어?'라는 질책이 그 안에 숨어 있기 때문이다. 조금 예쁘게(?) 포장해서 말한다면 "앞으로 잘 준비하시면 됩니다"라고 할 수도 있겠지만 예쁘게 표현하건 거칠게 표현하건 노후는 냉정한 현실이고 그에 필요한 준비는 필수다. 이 책을 읽고 실천을 하거나 무시하거나는 전적으로 당신의 선택이며 그 선택의 책임 역시 100% 당신에게 있다.

　그간 많은 상담과 컨설팅을 한 결과, 인간을 행동하게 만드는 원동력은 '공포'와 '희망', 이 둘 중 하나임을 알게 되었다. "지금 노후준비를 하지 않으면 당신은 비참하게 홀로 죽어갈 것"이라고 겁을 주거나 "지금 노후준비를 잘해두면 더 행복해질 수 있다"라는 희망을 심어주면 노후준비를 시작하게 된다는 뜻이다. 이왕이면 말도 예쁘게 하고 공감 능력도 발휘하면서 "지금까지는 그러셨지만 앞으로는 이렇게 하시면 좋을 것 같습니다. 왜냐하면 이러저러한 상황이기 때문입니다"라는 식의 논리적인 접근은 불행히도 통하지 않았다.

이 책은 당신의 공포심과 희망을 적절히 자극하면서 노후준비를 이야기한다. 어떤 부분에서는 '이 저자, 말이 좀 심하네'라고 느낄 수도 있을 텐데, 격하게 표현하는 목적이 따로 있다는 것을 알아주기 바란다. 다음은 노후준비를 위해 미리 생각해야 할 것들이다.

준비는 노후가 아닌 노전에 하는 것이다

무엇이든 미리 준비하면 좋다. 나쁠 것이 없다. 노후준비도 다르지 않다. 나이가 들어서 준비하는 것이 아니라 늙기 전에 미리 준비해야 한다. 대부분의 경우 40대가 되면서 '이제 노후준비 좀 해볼까'라고 생각하는데 이때도 늦은 감은 있다. 사회생활의 시작과 동시에 준비해야 한다.

얼마 전까지만 해도 '노후준비', '연금상품' 같은 단어는 업계에서 일종의 금기어였다. 단어를 듣는 순간 '늙는 것', '나이 드는 것 = 죽음'이 연상된다는 게 이유였다. 하지만 이제 노후, 연금 같은 단어는 더 이상 '재수 없는' 말이 아니다. 준비해야 하는 필수사항으로 인식되어 다행이다.

2017년 11월 통계청 조사에 따르면 13세~29세의 25%가 '가장 일하고 싶은 직장'으로 국가기관을 꼽았다. 전체 응답자의 4분의1 정도가 공무원이 되고 싶어 한다는 말이다. 공무원 다음으로는 공기업(20%)이 차지했다. 공무원과 공기업을 합치면 피 끓는 대한민국 젊은이 45%를 끌어당기는 '안정된 소득'이 주는 매력의 위대함을 알 수 있다.

이 통계를 접한 언론매체들은 "요즘 청년들은 꿈도 없고 모험가 정신도 없다", "안정된 직업보다는 자기 적성에 맞는 꿈을 찾아야 한다"는 식으로 암울한 시대를 한탄하는 논조의 의견을 보였다. 그러나 필자의 생각은 다르다. 젊은이들은 지극히 합리적이고 현실적으로 선택한 것이다. 일단 되면 노후 걱정을 하지 않아도 된다. 부모님이 회사를 다니다가 자의든 타의든 그만두고는 닭튀김 사업에 뛰어드는 모습을 보며 커오지 않았던가. 그러기는 싫은 거다. 잠시 꿈을 접고 공무원이나 공기업에 들어가면 '짤릴' 걱정 없이 출퇴근할 수 있고 주위에서도 부러워한다. 늙어서 폐지 줍거나 밥 걱정할 일은 없다. 이만한 선택이 어디 있단 말인가.

노후준비의 측면에서 보면 지극히 좋은 선택이다. 기성세대가 보여

준 실망스러운 노후의 모습들이 젊은이들에게는 '역시 공무원이야'라는 생각을 심어준 것이다. 그들이 이렇게 생각하게 만든 장본인이 누군가? 기성세대다. 그러니 젊은 세대를 욕할 것 없다. 노후준비를 소홀히 해서 리어카 끌고 다니는 노인들, 지하철에서 60대가 감히 노약자석에 앉는다고 시비 거는 70~80대 노인들이 그런 생각을 하게 만들었다. 노후준비의 중요성이 다시 한 번 느껴진다.

노후준비는 제발 노전에 하자. 개인마다 기준은 다르겠지만 적어도 만 40세 이전에는 노후준비의 기본 틀은 다 갖춰놓는 것이 좋다. 그 이후에 하는 것은 노후준비가 아닌 노후대처일 뿐이다. 발등에 떨어진 불을 처리하기보다는 아예 불이 떨어지지 않게 만드는 것이 이 책의 핵심 내용이다.

생계가 아닌 생활을 준비하는 것

나이 들어 혹시 굶어 죽거나 고독사하지나 않을까 걱정된다면 굳이 이 책을 읽을 필요는 없다. 가장 기본적인 것들은 나라에서 해결해준다. 국민연금에서도 챙겨주고, 기초연금도 20~30만원 정도 받을 수 있다. 심하게 가난하면 주민센터에서 '기초수급자' 대상에 올려주고 쌀과 연탄을 챙겨준다. 고독사하면 나라에서 알아서 시체 수습하고 화장 처리도 해준다. 이를 걱정할 이유가 없다. 노후준비에서 '먹고사는 것'에 대한 걱정은 크게 할 필요가 없다는 뜻이다.

노후준비는 생계의 문제 해결이 아니다. 더 나아가 생활을 준비하는 것이다. 은퇴한 이후 식탁에 어떻게 식사를 올릴까를 해결하려는 것이 아니라 젊은 시절 가지 못했던 여행을 어디로 갈지, 가족들과 외식을 어디서 할지, 이번 주말에는 어떤 공연을 볼지 등을 결정하는 문제라는 말이다. 밥만 먹고 사는 것은 정부에서 빚을 내서라도 해결해주니 걱정하지 않아도 된다.

65세 이상 국민기초생활수급 가구 생계급여 현황

(단위 : 명, 원)

연도	2016년 12월		2017년 6월	
구분	수급자수	평균지급액	수급자수	평균지급액
1인 가구	285,530	232,916	293,614	263,965
2인 가구	91,734	420,842	93,143	470,153
3인 가구	11,065	582,387	10,842	646,744
4인 가구	2,556	680,102	2,385	766,241
5인 가구	789	770,685	755	867,262
6인 가구 이상	440	843,156	404	985,008
총계	392,114	−	401,143	−

*시설수급자 제외

(단위 : 원)

구분	1인 가구	2인 가구	3인 가구	4인 가구	5인 가구 이상
전체가구	328,879	519,672	642,325	642,325	882,499
노인가구	232,916	420,842	582,387	582,387	770,685(5인가구) 843,156(6인가구이상)

위의 표에서도 보듯 밥은 먹고살 수 있다. 그러나 그런 생활이 우리가 젊은 시절 생각해오던 멋진 노후는 아니다. 열심히 살아온 지금까지의 인생을 앞으로 보상받는 것. 이것이 노후준비의 제대로 된 목표다. 그리고 PLAN B는 이 노후준비에 대한 현실적인 대안이 되어줄 것이다.

PLAN B_ 플랜 B

PLAN B_ 플랜 B

인쇄 2020년 12월 01일
발행 2020년 12월 20일

지은이 우용표
펴낸이 박현

펴낸곳 트러스트북스
등록번호 제2014 - 000225호
등록일자 2013년 12월 3일

주소 서울시 마포구 성미산로1길 5 백옥빌딩 202호
전화 (02) 322 - 3409
팩스 (02) 6933 - 6505
이메일 trustbooks@naver.com

ⓒ 2020 우용표

이 책의 저작권은 저자에게 있습니다.
저자와 출판사의 허락없이 내용의 일부를 인용하거나 발췌하는 것을 금합니다.

값 15,000원
ISBN 979-11-87993-77-3 03320

믿고 보는 책, 트러스트북스는 독자 여러분의 의견을 소중히 여기며,
출판에 뜻이 있는 분들의 원고를 기다리고 있습니다.